Los Felices Años Veinte

Una Guía Fascinante sobre un Período de Dramático Cambio Social y Político, una Falsa Sensación de Prosperidad y su Impacto en la Gran Depresión

© Copyright 2020

Todos los derechos reservados. Ninguna parte de este libro puede ser reproducida de ninguna forma sin el permiso escrito del autor. Los revisores pueden citar breves pasajes en las reseñas.

Descargo de responsabilidad: Ninguna parte de esta publicación puede ser reproducida o transmitida de ninguna forma o por ningún medio, mecánico o electrónico, incluyendo fotocopias o grabaciones, o por ningún sistema de almacenamiento y recuperación de información, o transmitida por correo electrónico sin permiso escrito del editor.

Si bien se ha hecho todo lo posible por verificar la información proporcionada en esta publicación, ni el autor ni el editor asumen responsabilidad alguna por los errores, omisiones o interpretaciones contrarias al tema aquí tratado.

Este libro es solo para fines de entretenimiento. Las opiniones expresadas son únicamente las del autor y no deben tomarse como instrucciones u órdenes de expertos. El lector es responsable de sus propias acciones.

La adhesión a todas las leyes y regulaciones aplicables, incluyendo las leyes internacionales, federales, estatales y locales que rigen la concesión de licencias profesionales, las prácticas comerciales, la publicidad y todos los demás aspectos de la realización de negocios en los EE. UU., Canadá, Reino Unido o cualquier otra jurisdicción es responsabilidad exclusiva del comprador o del lector.

Ni el autor ni el editor asumen responsabilidad alguna en nombre del comprador o lector de estos materiales. Cualquier desaire percibido de cualquier individuo u organización es puramente involuntario.

Índice de Contenidos

INTRODUCCIÓN 1
CAPÍTULO 1 - PRIMERA GUERRA MUNDIAL Y LA DÉCADA DE 1920 4
CAPÍTULO 2 - EL MIEDO AL OTRO 14
CAPÍTULO 3 - ANTIGUAS CAUSAS ACABANDO CON NEGOCIOS 21
CAPÍTULO 4 - EL COSTO DE LA LEY SECA 27
CAPÍTULO 5 - UN MUNDO NUEVO 32
CAPÍTULO 6 - AFROAMERICANOS 42
CAPÍTULO 7 - POLÍTICAS Y NORMAS 50
CAPÍTULO 8 - ¿CÓMO TERMINÓ TODO? 57
CONCLUSIONES 63
BIBLIOGRAFÍA SELECCIONADA 67

Introducción

Pocas décadas capturan la imaginación como la de 1920. Como tantas buenas historias, tuvo su comienzo a partir de una época de gran agitación y terminó de manera dramática. Lo ocurrido entre 1920 y 1929 ha pasado más allá de la historia y se ha convertido en leyenda.

El evento que marcó los años 1920 fue el gran conflicto en la década previa, la Primera Guerra Mundial. La participación militar estadounidense fue solo por un año. Sin embargo, desde el comienzo de la guerra en 1914, los ojos estadounidenses estaban puestos en Europa.

La destrucción masiva causada por la lucha, los cambios provocados por la transformación en la economía estadounidense, y la imperfecta paz que siguió a la guerra tuvieron un profundo impacto en la década siguiente. Los soldados regresaban de la guerra a veces perturbados, a veces destrozados, y casi siempre desilusionados. La nación experimentó un gran movimiento de personas, desde el campo a la ciudad causando cambios en la composición de las ciudades que no serían reconocibles para los residentes de épocas anteriores.

Mientras el presidente buscaba un "regreso a la normalidad", el panorama cultural y social no hizo tal viaje de regreso. Las causas sociales de comienzos del siglo 20 fueron ignoradas o completamente rechazadas. Otros movimientos sociales tomaron el control y revelaron un país más conservador y aislacionista que aquel que fue a la guerra en 1917.

El efecto de la guerra y la década en la literatura estadounidense fue profundo. Una nueva forma de música, exclusivamente estadounidense, que algunos consideran la única verdadera forma de arte estadounidense se convirtió en la banda sonora de la década. Dos nuevas formas de entretenimiento también alteraron la década; las películas y la radio pasaron de ser innovaciones marginales a formas de entretenimiento comunes. Algunas formas de entretenimiento más antiguas, especialmente el béisbol, abrazaron el cambio de la nueva década. Tras un paralizante escándalo que sacudió al deporte en 1919, un nuevo jugador, Babe Ruth, inspiró un nuevo estadio de béisbol que lo convirtió en un fenómeno nacional.

Como Babe Ruth y sus impresionantes jonrones, la economía de los años 1920 estaba en auge y las personas tenían más dinero para gastar, traían a sus casas más que meras radios. La disponibilidad de electrodomésticos, junto con más dinero y más crédito, llevó a la gente a comprar más. Sin embargo, el único artículo que cambió radicalmente a los Estados Unidos fue el automóvil.

Henry Ford tomó lo que había sido una extravagancia para los ricos y lo hizo asequible para las masas. Con la llegada del Modelo T, los estadounidenses avanzaron cada vez más rápido que nunca. Adicionalmente, toda la industria automotriz creó o sostuvo industrias que anteriormente eran pequeñas o inexistentes. A finales de la década, millones de estadounidenses conducían automóviles.

Pero no todo era lo que parecía. Ciertos segmentos importantes de la economía, y por lo tanto de la población, se estaban quedando atrás. A pesar de que el auge en la manufactura provocado por el automóvil y los bienes de consumo ayudaron a muchos estadounidenses, la década fue testigo de un dramático descenso en la agricultura. Dado que más personas que nunca adoptaron la compra a crédito, esto también incluyó especulación en acciones con crédito.

Esto, junto con otras causas entrelazadas en el tejido de la década, llevó al eventual colapso que cerró los años 1920.

Las lecciones de la década de 1920 siguen siendo relevantes hoy. Muchos de los debates y temas de la época siguen siendo parte de la conversación nacional. Las políticas económicas, los comportamientos de los consumidores y la cultura de masas de la década de 1920 se reflejan en nuestra cultura casi 100 años después. Al comprender el pasado, podemos prepararnos mejor para el futuro.

Capítulo 1 – Primera Guerra Mundial y la Década de 1920

En la primavera de 1914, Europa fue sacudida por el asesinato del Archiduque Fernando y su esposa en Sarajevo. El grupo nacionalista serbio Mano Negra fue responsable del asesinato, y el Imperio austrohúngaro exigieron justicia, no solo castigando a la parte culpable, sino también enviando un mensaje a otros serbios y otros pueblos sometidos.

Esto no fue fácil de llevar a cabo. Una serie de acuerdos y alianzas que se extendían por todo el continente hacían que una represalia contra los serbios fuera una propuesta peligrosa. Rusia se consideraba a sí misma la protectora de todo el pueblo eslavo, y se comprometió a defender Serbia. A su vez, Alemania mantenía una fuerte alianza con su vecino germánico, El Imperio austrohúngaro, y se comprometió a asistirlo atacando a Rusia. Al comprometerse a enfrentarse a Rusia, una alianza creada en 1907 entre Francia, Gran Bretaña y Rusia fue activada. Cualquier acción alemana contra Rusia era un acto de guerra hacia las otras dos potencias. A finales de agosto de 1914, la Primera Guerra Mundial había comenzado.

Durante los primeros seis meses de la guerra, la carnicería tanto en el frente oriental como el occidental era inconmensurable. Millones habían muerto, y luego de un avance inicial por parte de los alemanes, fueron detenidos y se generó un estancamiento. Algunos estadounidenses en la época podían recordar el alto número de víctimas en batallas de la guerra civil, pero las noticias de Europa eran aún más impactantes. Nuevas armas, como las ametralladoras y la guerra química, por ejemplo, el gas mostaza, hicieron que la guerra moderna fuera especialmente devastadora.

Al ver estas noticias, los estadounidenses no querían ser parte del último conflicto europeo. El presidente en ese momento, Woodrow Wilson, hizo de la frase "Nos mantuvo fuera de la guerra" una parte clave de su campaña de reelección en 1916. Sin embargo, los eventos y las circunstancias hicieron que esa promesa de campaña fuera difícil de cumplir.

Los Estados Unidos intentaron permanecer neutrales en el conflicto; era evidente que una Europa controlada por Alemania sería menos que ideal para el comercio estadounidense. A medida que la guerra continuaba, Alemania tomó dos fatídicas decisiones que obligaron a los Estados Unidos a actuar. Primero fue el ataque a un crucero civil, el Lusitania, en 1915. El crucero partió de Nueva York con destino a Gran Bretaña. Un submarino alemán, el U-20, disparó torpedos y hundió el barco frente a las costas de Irlanda. 1.198 personas perdieron sus vidas, incluidos 128 estadounidenses. El ataque fue rápidamente condenado por los Estados Unidos y gran parte de la comunidad internacional. El gobierno británico insistió que la nave no llevaba ningún tipo de material de guerra o municiones. Fue mayoritariamente percibido como un acto de pura agresión contra civiles. Muchos dentro y fuera del gobierno de EE. UU. querían represalia por tal ataque contra no combatientes.

La segunda gran condición que llevó a los Estados Unidos a la guerra fue una decisión tomada por los alemanes. En 1917 para estrangular a Gran Bretaña, Alemania declaró una guerra abierta a cualquier nación que enviara mercancías a las islas británicas. Esto incluía a los Estados Unidos.

El acto final que inclinó a los Estados Unidos hacia una declaración de guerra a Alemania fue un telegrama interceptado de Alemania a México. Conocido como el Telegrama Zimmerman, el gobierno alemán hizo propuestas a México, alentando a México a atacar a los Estados Unidos. Todo lo que México necesitaba hacer era mantener a los Estados Unidos el tiempo suficiente para que Alemania pudiera derrotar a Gran Bretaña y Francia. Una vez terminada la guerra, Alemania ayudaría a México a derrotar a los Estados Unidos y ayudaría a restaurar la frontera de los años 1840 entre ambos países, antes de la guerra mexicano-estadounidense.

Cuando el Telegrama de Zimmerman se hizo público, la opinión giró enormemente para entrar en la guerra del lado de los Aliados. El 2 de abril de 1917, el presidente Woodrow Wilson pidió al Congreso una declaración oficial de guerra contra el Imperio alemán. El Senado votó 82-6 a favor de la guerra y la Cámara de Representantes votó 373-50 a favor.

Con la declaración de guerra, la sociedad y cultura estadounidense cambiaron dramáticamente. Todos los segmentos de la nación fueron dirigidos hacia el esfuerzo bélico. Grandes secciones de la economía fueron controladas por el gobierno, así como la actividad de los consumidores. La Junta de Industrias Bélicas se aseguró que las fábricas estadounidenses estuvieran haciendo su parte para asegurar la victoria estadounidense en el extranjero. Esto significó cambios en la producción, de bienes de consumo a militares. Esto también significaba asegurarse que las fábricas estuvieran funcionando a plena capacidad.

También significó un límite en la cantidad y la disponibilidad de bienes a los consumidores. Los alimentos eran especialmente importantes para el esfuerzo de la guerra. Se alentó a los ciudadanos a renunciar a la carne y el trigo para ayudar a alimentar a las tropas. El jardín de la victoria, verduras de cosecha propia, se volvió un elemento básico de los hogares estadounidenses durante la guerra. Herbert Hoover, el director de la Administración de Alimentos, estaba orgulloso de los esfuerzos de su administración que llevaron a una reducción del quince por ciento en el consumo.

Uno de los productos de especial interés fue el alcohol. El grano se consideraba vital para el esfuerzo bélico; por lo tanto, el consumo de bebidas alcohólicas fue severamente restringido a través de leyes prohibitivas. Parte del impulso hacia la prohibición del alcohol tenía poco que ver con la producción de la guerra o el suministro, sino como un medio para lograr un objetivo de largo plazo de los políticos progresistas y reformadores. Además del argumento relacionado a la importancia del alcohol para el esfuerzo de la guerra, grupos como la Liga Antitabernas y la Unión Cristiana de Mujeres por la Templanza destacaron los beneficios de una fuerza laboral y un ejército sobrios. El éxito de la prohibición durante la guerra pavimentó el camino hacia una prohibición más permanente sobre el alcohol al final de la década.

Además de regular la producción y el consumo de alcohol, el gobierno federal formó otras agencias que dirigían la vida pública. El Comité de Información Pública (CPI) fue fundado en 1917. Esta organización fue diseñada para publicidad; algunos dirían propaganda. El famoso cartel del Tío Sam (¡Te quiero a ti!) se originó en este periodo. La oficina también hizo que el mensaje de la guerra fuera acerca de una lucha por el alma misma de la civilización, llamando a los enemigos hunos en lugar de alemanes, y destacando que esta canción extranjera estaba gobernada por un káiser, no por una democracia.

El CPI también era responsable de proporcionar a la prensa actualizaciones acerca de la guerra en el extranjero, y el esfuerzo de la administración de Wilson. Su meta era inundar a los periodistas con comunicados de prensa que el gobierno quería, controlar la narrativa usando una frase moderna. Muchos ven los esfuerzos del CPI como el comienzo de las relaciones públicas modernas.

Los esfuerzos del CPI tal vez funcionaron demasiado bien en algunas ocasiones. Uno de los grupos de inmigrantes más antiguos y establecidos en los Estados Unidos, los germano-estadounidenses, se enfrentaron a una discriminación que rara vez habían encontrado desde que comenzaron a llegar a los Estados Unidos antes de la guerra revolucionaria. Otros grupos de inmigrantes, sobre todo los irlandeses, se habían enfrentado a una gran resistencia de los estadounidenses nativos, pero los alemanes tuvieron un camino más fácil de asimilación. Todo eso cambió con la Primera Guerra Mundial. Los germano-estadounidenses enfrentaron una gran cantidad de acoso en sus comunidades, incluyendo amenazas de violencia. La réplica de la estatua de El Pensador de Rodin en Chicago debió ser trasladada al interior debido al vandalismo.

Además, en Chicago, por ejemplo, miles de germano-estadounidenses cambiaron sus apellidos debido al sentimiento anti-alemán presente en la ciudad. En términos más generales, el sentimiento anti-alemán se expresó cambiando los nombres de algunos alimentos comunes. El Sauerkraut se llamaba repollo de la libertad, los frankfurters se convirtieron en perros calientes, y a las hamburguesas se les denominó bistec Salisbury. El acto más perturbador del sentimiento anti-alemán fue el linchamiento de un hombre germano-estadounidense en Collinsville, Illinois, porque la gente del pueblo estaba convencida que era un espía de Alemania. Todos los que fueron juzgados por su asesinato fueron absueltos.

Además de que los ciudadanos voluntariamente cambiaban los nombres de los alimentos germano-estadounidenses, el gobierno de los EE. UU. restringió la libertad de expresión con la aprobación de la Ley de Espionaje de 1917. Esto hizo ilegal que alguien interfiriera con los esfuerzos de guerra del gobierno de los Estados Unidos. Varios casos fueron juzgados bajo esta ley, y los acusados fueron declarados culpables de violarla. Dos de los más notables fueron las condenas de Eugene Debs, un socialista prominente y organizador sindical, quien fue hallado culpable bajo la Ley de Sedición, una enmienda a la Ley de Espionaje. El otro fue Charles Shenck, otro socialista que se pronunciaba contra el reclutamiento y la guerra en general. Debs fue encarcelado por cinco años luego de dar un discurso denunciando la guerra, y el caso contra Schenck estableció algunos de los límites más conocidos de la Primera Enmienda.

Ambas ideas escritas por el juez de la Corte Suprema Oliver Wendell Holmes compararon los escritos contra la guerra de Schenck con peligros inminentes, o usando la frase de Holmes "peligro claro y presente". Adicionalmente, Holmes calificó hablar contra el reclutamiento como el mismo tipo de uso indebido de la libertad de expresión que gritar fuego en un salón lleno de gente. Cuando terminó la guerra, los mecanismos establecidos por las decisiones de la corte y las amplias atribuciones otorgadas al gobierno mediante la Ley de Espionaje permitieron la persecución (y deportación) de otros críticos del gobierno de los Estados Unidos. Incluso cuando la Ley de Espionaje se volvió menos relevante, los sentimientos anti-socialistas y anti-comunistas que fomentó aparecieron inmediatamente luego de la guerra y en la década de 1920.

A medida que la industria crecía y alcanzaba su máxima producción, la necesidad de trabajadores se volvía cada vez más crucial. Incluso antes que los EE. UU. entraran en la guerra, la escasez de mano de obra se estaba convirtiendo en un problema para las fábricas estadounidenses. Cuando se estableció el reclutamiento para el esfuerzo de la guerra, la situación se volvió grave. Para satisfacer la demanda de la industria, una fuente de mano de obra que relativamente no había sido aprovechada fue reclutada y aceptada por las empresas estadounidenses: los afroamericanos de los estados del sur.

Después de la guerra civil y la emancipación de los esclavos en el sur, hubo un breve periodo de movilidad para los afroamericanos, principalmente a lo largo del sur, ya que muchos exesclavos buscaron a sus familiares. Sin embargo, a medida que el período de reconstrucción terminó en 1877, la habilidad de los afroamericanos para moverse libremente fue severamente restringida, por aduanas, leyes locales e intimidación. Además, la economía posguerra ofrecía poco a los recién liberados esclavos, por lo que la mejor oportunidad de trabajo para los afroamericanos era la aparcería en las grandes plantaciones. Muchos antiguos esclavos incluso trabajaron en las mismas plantaciones donde habían sido esclavos.

Este sistema permaneció intacto en el siglo 20. Incluso se reforzó cuando los gobiernos de los estados del sur reestructuraron sus gobiernos para restringir severamente los derechos de voto de los afroamericanos. Incluso las cortes federales reafirmaron esta jerarquía racial con varias decisiones, la más importante de las cuales fue el caso Plessy contra Ferguson, que estableció la doctrina de separados pero iguales.

Los eventos entre los años 1915 y 1917 llevaron a un dramático cambio en la demografía de los Estados Unidos y la suerte de los afroamericanos. Primero, el mal tiempo trajo como consecuencia malas cosechas de algodón en 1911 y 1912. Segundo, y especialmente perjudicial para las plantaciones de algodón fue la infestación con el gorgojo del algodón. Este insecto causó devastación en la agricultura del sur, dañando gravemente a los aparceros. Estas malas condiciones obligaron a los afroamericanos a buscar alternativas.

El evento que trajo dichas lucrativas alternativas fue la Primera Guerra Mundial. A medida que las fábricas continuaban necesitando cada vez más trabajadores, los afroamericanos se mudaron hacia el norte para llenar el vacío laboral. En el periodo entre los años 1914 y 1920 casi un tercio de todos los afroamericanos se mudaron del mundo rural del sur a los centros urbanos del norte. Las poblaciones afroamericanas de ciudades como Chicago, Nueva York y Pittsburgh explotaron aparentemente de la noche a la mañana. Luego conocido como la Gran Migración, fue uno de los más grandes movimientos de personas en la historia de los Estados Unidos.

Este fue un momento de intercambio cultural, agitación y tensión. Las pequeñas comunidades afroamericanas en las ciudades del norte crecieron enormemente, y los afroamericanos que ya estaban instalados en el norte desconfiaban de sus nuevos vecinos y sus costumbres campestres. Los blancos que vivían en las ciudades estaban temerosos de la creciente cantidad de afroamericanos, y estaban determinados a mantener a los afroamericanos en vecindarios específicos de sus ciudades. Estos vecindarios se volverían epicentros de cultura en la década siguiente.

Los blancos en el norte no eran los únicos que intentaban mantener a los afroamericanos en su lugar asignado socialmente. A través del sur, los periódicos blancos publicaban artículos detallando como los afroamericanos no podían tolerar los fríos inviernos del norte. Los periódicos también destacaban cualquier historia que mostrara el prejuicio racial de las comunidades del norte. Muchas comunidades del sur se negaron a permitir que afroamericanos compraran boletos hacia destinos fuera del estado, o los mantenían sujetos a sus contratos de aparcería. Si todo lo demás fallaba, se recurría a la violencia amenazante contra aquellos que intentaban marcharse estando empleados. Todo fue en vano. Cientos de miles de afroamericanos se desplazaron hacia el norte con la esperanza de una mejor vida sin intención de regresar.

Aquellos que fueron a la guerra, alrededor de 4,7 millones de hombres estadounidenses, de los cuales 320.000 nunca regresaron, tuvieron una experiencia tan profunda como los del frente interno. Como los jóvenes hombres europeos tres años antes, los jóvenes estadounidenses que iban a la guerra tenían visiones de grandes aventuras y donde luchaban por su hogar y el valor, como los héroes de la guerra civil que muchos de esos hombres conocieron como abuelos y otros familiares mayores. También como esos europeos, los estadounidenses se desilusionaron rápidamente con la gloria de la guerra. Para cuando los estadounidenses llegaron bajo las órdenes de John J. Pershing, los europeos habían estado luchando en las trincheras haciendo cualquier cosa que pudieran para sobrevivir. Los "soldaditos" de rostro fresco eran una curiosidad más que cualquier otra cosa.

Incluso si los estadounidenses estaban inmaduros, proporcionaron algo a los aliados que el ejército alemán no pudo obtener: cuerpos frescos. La relación entre el liderazgo estadounidense y el de los franceses y británicos a menudo era tensa, especialmente cuando los estadounidenses se negaron a que los comandantes aliados dieran órdenes a cualquiera de sus tropas. A pesar de que esto cambiaría un poco en la primavera de 1918, en general las tropas estadounidenses mantuvieron su independencia.

El estilo de lucha de los estadounidenses fue también una novedad para los europeos. Cada vez que podían, los comandantes estadounidenses preferían participar en una guerra móvil estratégica. La idea era salir de las trincheras y llevar la lucha hacia los alemanes cada vez que fuera posible. La energía de los estadounidenses fue vital para lograr el armisticio de noviembre de 1918. Los estadounidenses no necesariamente ganaron la guerra, pero definitivamente causaron que terminara mucho antes de lo que habría sido de otra manera. Sin embargo, cuando las balas dejaron de volar la lucha por sobrevivir aún no había terminado.

Lamentablemente para muchos soldados estadounidenses, no fue el frente de batalla lo que los mató, sino que la enfermedad, especialmente la pandemia de influenza de 1918-1919. Se estima que entre 20 y 50 millones de personas en todo el mundo murieron a causa de la pandemia. Ningún lugar del mundo se salvó del brote. La primera ola de la epidemia empezó en enero de 1918, pero la influenza mutó y se volvió mucho más mortal en el otoño de ese año, y la tasa de mortalidad se disparó antes de reducirse eventualmente en la primavera de 1919. Aún es uno de los peores desastres médicos jamás ocurridos en el mundo.

Cuando las tropas se reunieron y regresaron a casa, volvieron como hombres diferentes. Las experiencias compartidas de los soldados les darían a muchos de la generación una memoria común, proporcionando un telón de fondo para la década entrante. El proceso de paz terminó en 1919, el mundo e incluso los mismos Estados Unidos no se habían dado cuenta aún lo poderosos que realmente se habían vuelto. Al final de la Segunda Guerra Mundial era obvio, pero al final de la Primera Guerra Mundial Estados Unidos era como un joven adulto que finalmente se daba cuenta que era más fuerte y ágil que sus padres. Los Estados Unidos, con todos aquellos que de alguna forma experimentaron la guerra, a lo largo de la siguiente década se habían dado cuenta exactamente lo mucho que habían progresado.

Capítulo 2 – El Miedo al Otro

Cuatro meses después que las primeras tropas estadounidenses llegaran a Francia, ocurrió un evento que tuvo enormes repercusiones en los Estados Unidos y el mundo. En octubre de 1917 (noviembre de 1917 según el calendario juliano), los bolcheviques en Rusia derrocaron al gobierno y declararon un nuevo régimen. Era un gobierno basado en los escritos de Karl Marx y Friedrich Engels. En pocas palabras, comunismo. Vladimir Lenin y Leon Trostky junto a otros establecieron el politburó y fueron inmediatamente percibidos como una amenaza para la mayoría de Europa Occidental y los Estados Unidos. Su retirada de la Primera Guerra Mundial hizo poco para disipar esos temores. En 1918 una fuerza aliada incluyendo tropas estadounidenses desembarcó en Rusia, con la esperanza de detener la expansión de la revolución bolchevique. Esta fue la primera intervención militar de los Estados Unidos para detener la expansión del comunismo.

Más cerca de casa, tras la guerra en 1919, huelgas y disturbios se extendieron por todos los Estados Unidos. Masivas huelgas desde Seattle (una huelga general) a Boston (huelga policial) y en la industria del acero hicieron que muchos temieran que una revolución comunista se aproximaba a los Estados Unidos. Para avivar aún más ese temor ocurrieron erupciones de disturbios raciales en todo el país, con la más grande y mortal ocurriendo en Chicago. Muchos creían que agitadores externos participaron en el inicio de los disturbios.

Luego de una serie de envíos de cartas bomba, la opinión pública insistió en algún tipo de acción. El Departamento de Justicia efectuó una serie de redadas contra conocidos socialistas, comunistas y anarquistas. Recordadas como las redadas de Palmer, que llevaban el nombre del fiscal general Mitchell Palmer, estas acciones tomaron medidas extralegales para acorralar a sus objetivos. Algunos de los arrestados fueron deportados. El 2 de enero de 1920, durante el inicio de la nueva década, los miedos de la década prevaleciente aún dictaban las acciones del gobierno. Un arresto masivo en más de 30 ciudades detuvo a miles de personas sospechosas de ser comunistas. Al día siguiente se hicieron incluso más arrestos. Una acción tan grande fue vista con sospecha respecto a su legalidad. El comunismo seguía siendo visto como una amenaza, pero luego que se revelara que las redadas de Palmer utilizaron medidas inconstitucionales y a veces brutales para arrestar a sus objetivos, el apoyo público a esas acciones disminuyó.

Las redadas de Palmer y las fallidas huelgas de 1919 obstaculizaron el movimiento laboral en los Estados Unidos durante los años 1920. La membresía sindical cayó a su nivel más bajo desde el comienzo del siglo 20. Adicionalmente, los sindicatos gremiales que eran la fuerza del movimiento obrero no tenían un lugar en los crecientes lugares de trabajo industriales. Las grandes corporaciones que dominaban la manufactura en los años 1920 tuvieron un enorme crecimiento a lo largo de gran parte de la década, y eran capaces de pagar y tratar a sus trabajadores de mejor manera que en generaciones anteriores.

El más grande proveedor de este lugar de trabajo más amable y gentil fue Henry Ford y sus plantas de fabricación de automóviles. Inspirado por la línea de "desmontaje" de los mataderos de Chicago, Ford perfeccionó la línea de ensamblaje para la producción del Modelo T, el símbolo automotriz de la década de 1920. Ford pagaba a sus trabajadores mejor que cualquiera de sus competidores, les daba mejores jornadas, e incluso le daba los domingos libres a toda la planta. Lo más memorable es que Ford permitió que sus trabajadores compraran los autos que ellos mismos fabricaban, no solo en plazos, sino también a un costo reducido. La idea era que cuantos más automóviles Ford hubiera en las calles, mejor sería para el negocio. Ford tenía razón. Con el éxito de la producción en masa, el costo del automóvil se redujo y los estadounidenses pudieron comprar el modelo T por millones. En un guiño a la satisfacción del cliente, Henry Ford declaró: "ellos pueden comprar el automóvil en cualquier color, siempre que sea negro".

Este paternalismo corporativo fue prevalente a lo largo de las industrias y benefició enormemente a los trabajadores. Sin embargo, los trabajadores aún tenían muy poco peso en la velocidad de producción o en cómo debía administrarse el personal. Los trabajadores querían ser más autodeterminantes, pero ese no era el pensamiento de quienes estaban a cargo. El antisindicalismo fue una característica clave del paternalismo. Henry Ford también era un líder en este ámbito. Incluso discutir la sindicalización en una planta de Ford era motivo de despido. A lo largo de los años 1920, Ford y otros como él estaban decididos a hacer el sindicalismo algo del pasado.

Otra noción que muchos en los primeros años de la década de 1920 querían dejar atrás era la inmigración abierta. Durante las tres décadas anteriores, la inmigración desde el sur y el este de Europa explotó. Italianos, griegos, judíos rusos y varios europeos del este llegaron en masa a las ciudades de los Estados Unidos. Ellos proporcionaban mano de obra barata, pero también se consideraba que alteraban dramáticamente la cultura de los Estados Unidos. A diferencia del anterior gran grupo de inmigrantes, los irlandeses, ellos no hablaban inglés y en general eran ignorantes respecto al gobierno representativo. A pesar de que los irlandeses eran católicos, la forma de catolicismo más folclórica y supersticiosa de catolicismo que traían parecía completamente ajena, incluso para la jerarquía de la iglesia, dominada por los irlandeses. A eso se suma una fuerte creencia de que ideas como el comunismo y el socialismo nacieron y se desarrollaron en Europa del este, y la noción de ser el "gran crisol" había perdido su atractivo para muchos estadounidenses.

En 1922 el gobierno de EE. UU. aprobó una ley que restringía enormemente la cantidad de personas que podía inmigrar a los Estados Unidos. La ley estipulaba que no más del dos por ciento de la población de un grupo étnico en 1890 podría inmigrar a los Estados Unidos. El año 1890 fue escogido específicamente porque fue justo antes de que llegaran las más grandes olas de inmigración. Entonces, si había 10.000 ítalo-estadounidenses en los Estados Unidos, se permitiría que no más de 200 ingresaran al país en cualquier año. Lo que alguna vez fue una gran corriente de gente nueva que llegaba a la costa de Estados Unidos, se redujo a un goteo durante la década de 1920.

Un grupo en particular aprovechó el rechazo de las ideas radicales y el rechazo al otro. El Ku Klux Klan experimentó un gran renacimiento en la década de 1920. Tomó parte de su simbolismo y tácticas de la primera versión del Klan, pero fue una iniciativa mucho más grande en los años 1920. El antiguo Klan se dedicaba casi por completo a la supresión de afroamericanos en los estados del sur. El nuevo Klan no era amigo de los afroamericanos, pero también era decididamente nativista. Era antiinmigrante, antijudío y anticatólico. Su membresía se extendía mucho más allá del sur teniendo en Indiana su membresía más grande. El Klan original era mucho más secreto que su sucesor. Los miembros del Klan postularon a cargos públicos y ocuparon varios puestos gubernamentales. No fue la retórica racista y xenófoba del Klan lo que llevó a su desaparición, sino la condena de su líder en Indiana por cargos de violación y asesinato. A pesar de que el Klan de Indiana se consideraba independiente de la organización nacional, el terrible crimen sumado al nivel de corrupción expuesto por el juicio debilitó severamente la influencia del Ku Klux Klan en elecciones locales y nacionales hacia el final de la década.

El renacimiento del Ku Klux Klan demostró que las ideas nativistas eran populares a lo largo del país, pero uno de los eventos más polarizantes que también demostró el conflicto interno de los Estados Unidos fue el juicio de dos inmigrantes italianos, Nicola Sacco y Bartolomeo Vanzetti. En 1920, un empleado y guardia de seguridad de una empresa de calzado fue asesinado y se le robó la nómina de la compañía, alrededor de 15.000 dólares, en Braintree, Massachusetts, cerca de Boston. Los testigos dijeron que dos hombres de aspecto italiano habían perpetrado el crimen. Las autoridades buscaron a los sospechosos, especialmente a uno llamado Mario Buda. Se alertó a la policía de que Buda, junto a sus amigos Sacco y Vanzetti, estaba en un garaje para recoger su automóvil después de algunas reparaciones. La policía llegó después que los hombres ya se habían ido, pero lograron alcanzar a Sacco y Vanzetti y arrestarlos por el robo y asesinato.

La vaga descripción de los hombres italianos fue suficiente para que la policía de Braintree sospechara de los dos hombres, y luego de interrogarlos, Sacco y Vanzetti fueron atrapados en una serie de inconsistencias y mentiras. Más alarmante y condenatorio fue que los registros de las residencias de ambos prisioneros revelaron literatura anarquista, aunque los dos afirmaban no ser anarquistas. Sumado con el hecho de que ambos habían mentido sobre si poseían armas, incluyendo una pistola similar a la usada para cometer los asesinatos, se emitió una acusación y se fijó un juicio.

Gran parte del juicio se centró en la evidencia material que rodeaba al caso, qué armas poseían Sacco y Vanzetti y cuándo realmente las tuvieron, podía algún testigo identificar positivamente a los hombres. La fiscalía no impulsó activamente la conexión anarquista. Sin embargo, Sacco y Vanzetti sí lo hicieron. El juez que presidía encargó al jurado no considerar las tendencias políticas de los acusados, pero es difícil imaginar que no fueron consideradas. El jurado solo deliberó por tres horas antes de emitir un veredicto de culpabilidad.

El juicio de Sacco y Vanzetti pudo haber permanecido como un juicio oscuro y local. Sin embargo, uno de los abogados defensores, Fred Moore, se pronunció sobre el juicio y afirmó que los dos hombres fueron condenados por sus creencias políticas, y solo fueron arrestados por los prejuicios étnicos de una fuerza de policía corrupta. Después que esta historia ganó fuerza, primero a lo largo del país y después alrededor del mundo, ciudadanos de izquierda y radicales comenzaron a protestar y a recaudar fondos para las apelaciones de Sacco y Vanzetti.

Las maniobras legales alrededor del caso de Sacco y Vanzetti tomaron seis años para resolverse. En todas sus apelaciones las condenas fueron confirmadas. En 1925 otro hombre confesó los asesinatos, pero esto no fue suficiente para convencer al tribunal para que concediera un nuevo juicio. Después que todas las posibles apelaciones fueran agotadas, incluyendo una solicitud de indulto por parte del gobernador de Massachusetts, Sacco y Vanzetti fueron ejecutados el 22 de agosto de 1927.

Sus muertes fueron recibidas con enormes protestas alrededor del mundo. Más de 10.000 personas asistieron a sus funerales. Hubo atentados con bombas en varias ciudades como actos de protesta contra sus ejecuciones. Para muchos, el juicio y ejecución de Sacco y Vanzetti eran evidencia de un sistema corrupto que se oponía a cualquier pensamiento liberal, y por supuesto radical. La verdad del asunto se complica un poco a medida que pasan los años. Existe cierta evidencia de que Sacco participó realmente en los crímenes. En 1961, una prueba forense demostró que la pistola usada en los asesinatos era la misma pistola que poseía Sacco. Si bien existen dudas acerca de la prueba de 1961, el debate en torno al caso en la década de 1920 ha perdurado como un ejemplo de cuán dividida estaba la nación en lo que respecta tanto a la política radical como a los inmigrantes.

No solo se temía al radicalismo en circunstancias socioeconómicas. Al mismo tiempo que ocurrían los juicios de Sacco y Vanzetti, un juicio en Tennessee también captó la atención del público en todo el país. John Thomas Scopes fue un reemplazante en una clase de biología y procedió a enseñar algunos fundamentos de la teoría evolutiva. Al hacerlo, violó una ley estatal en Tennessee que prohibía la enseñanza de la evolución en cualquier escuela financiada por el estado. Scopes fue acusado y llevado a juicio en Julio de 1925.

Este es probablemente el juicio con más cobertura que conllevó una multa de solo 100 dólares. Se trataba más de mostrar los hechos científicos contra las creencias religiosas. Scopes se propuso desafiar la ley y ser intencionalmente llevado a juicio. A medida que se acercaba la fecha del juicio, la historia pasó de ser local a nacional. Casi todos los abogados locales fueron marginados excepto por Clarence Darrow, el abogado más famoso de la época, quien vino a representar a la defensa, mientras que William Jennings Bryan representaba la parte acusadora. Además de los famosos abogados involucrados en el juicio, el periodista más famoso de su generación, H.L. Menken, cubrió los procedimientos para el *Baltimore Sun*. Menken le dio un nombre al juicio: el Juicio del Mono. También fue el primer juicio en ser transmitido por radio, con la WGN de Chicago capturando cada momento del juicio.

El juicio llegó a niveles absurdos cuando Darrow llamó al estrado a su rival, Jennis Bryan. Era el escaparate del juicio, ya que Darrow cuestionaba y presionaba a Jennings Bryan acerca de las complejidades de la fe y mostraba cómo no resistía la investigación científica. Gran parte de este intercambio fue narrado en la premiada obra (y después película), *La Herencia del Viento*.

Luego del interrogatorio de Bryan, el juez dictaminó que todo el testimonio era irrelevante para el proceso y que el jurado no debería considerarlo. Finalmente, Scopes fue hallado culpable, pero fue absuelto en apelación. No ganó su apelación por la discusión entre la religión y la ciencia, sino por un tecnicismo legal. A pesar de que el juicio a menudo es visto como un triunfo de la razón sobre la tradición, el veredicto de culpabilidad también resaltó que muchos estadounidenses no se encontraban listos para un paso tan radical en su pensamiento o educación.

Capítulo 3 – Antiguas Causas Acabando con Negocios

Muchas causas y eventos de los años 1920 fueron una reacción a lo que muchos vieron como cambios radicales en la estructura de Estados Unidos. Las ideas de una era anterior, de los progresistas, parecían demasiado disruptivas después de la Primera Guerra Mundial. Políticas radicales, inmigración masiva, y nuevas ideas científicas y sociales ya no eran tan bien recibidas como lo habían sido en 1913.

Dos movimientos sociales del período progresista alcanzaron su cúspide en 1920: el sufragio femenino y la ley seca. Ambos movimientos tuvieron su fundación moderna a mediados del siglo 19. Ambos estaban vinculados a mujeres de clase media y las costumbres de la religión evangélica. Ambas eran vistas no solo como buenas para la sociedad, sino también como un remedio para algunos de los peores aspectos de la sociedad que parecían incrementarse con cada año que pasaba. Ambos crecieron hasta convertirse en movimientos masivos que contaban con millones de seguidores. Ambos movimientos estaban comprometidos con sus respectivas causas y trabajaron por décadas para finalmente ver sus objetivos logrados en

1920. Sin embargo, solo uno perduró. El otro se convertiría en una mortal farsa nacional que posiblemente hizo más daño que bien.

La convención de Seneca Falls de 1848 en la región de Finger Lakes del norte del estado de Nueva York es considerada el inicio del movimiento moderno por los derechos de las mujeres. Lucretia Mott y Elizabeth Cady Stanton organizaron la reunión para discutir la principal causa del día: la abolición de la esclavitud (incluso tenían a Frederick Douglass como orador), pero también estaban decididas a iniciar la discusión sobre los derechos políticos de las mujeres, especialmente el derecho a votar.

Después de la guerra civil y el fin oficial de la esclavitud, muchos en el movimiento abolicionista se retiraron de la política. Stanton y Mott no estaban entre ellos. La causa del sufragio femenino se convirtió en su principal foco. Con otra aliada, Susan B. Anthony, tomaron una página del movimiento abolicionista y comenzaron a publicar un periódico semanal, *The Revolution*, para publicar y hacer campaña por los derechos de las mujeres. Adicionalmente, varios grupos dedicados a los derechos de las mujeres fueron creados en el panorama posguerra. La Asociación Nacional pro-Sufragio de la Mujer y la Asociación Estadounidense para el Sufragio de la Mujer eran las más prominentes. La última incluía las voces de otras mujeres prominentes como Lucy Stone y Julia Ward Howe. Aunque los grupos a menudo eran rivales, tanto sus actividades como su activismo promovieron la causa del derecho al voto de la mujer.

Simultáneamente con los inicios del movimiento por el sufragio femenino, otro movimiento social comenzaba, que reunía seguidores de muchos de los mismos lugares. El movimiento por la templanza, al igual que el movimiento de las mujeres, surgió de los mismos salones e iglesias que el movimiento abolicionista antes de la guerra civil. Al igual que el movimiento de las mujeres, el movimiento por la templanza continuó después que la guerra terminara y se convirtió en el punto focal para muchos activistas. Se fundaron muchas organizaciones por la templanza a lo largo del país, pero la más prominente, la Unión Cristiana de Mujeres por la Templanza

(WTCU), comenzó en 1875. La líder más prominente de la organización, Frances Willard, se convirtió en su presidenta en 1879. Si bien la batalla contra el alcohol estaba siempre al frente de las campañas de la WTCU, Willard dirigió al grupo hacia causas como el sufragio femenino, derechos laborales y derechos de los niños.

Estos dos movimientos crecieron y maduraron juntos y eran vistos en mayor medida como causas de mujeres. El sufragio, naturalmente, era la preocupación principal, pero también lo era la templanza, ya que era vista como una forma de proteger a la familia de los estragos de un padre y marido borracho. La idea era que al hacer que las mujeres votaran y tuvieran influencia en la política, podían frenar algunas de las tendencias más destructivas y corruptas del mundo de la política dominado por los hombres.

Ambos movimientos tomaron prestadas las tácticas de sus predecesores abolicionistas, es decir, tratar de influir en la política del gobierno a través de peticiones a funcionarios estatales y federales. El movimiento de las mujeres adoptó un enfoque más fragmentado, intentando afectar las reglas del sufragio de los territorios occidentales a medida que se convertían en estados. En muchos territorios occidentales, las mujeres ya podían votar porque el número de mujeres era tan escaso en el oeste que permitirles el derecho a votar parecía intrascendente para el territorio presidido, luego gobiernos estatales. La región occidental históricamente ha sido más liberal respecto a las costumbres sociales. Como demuestra la reciente legalización del movimiento de la marihuana, los estados occidentales están más dispuestos a probar nuevas políticas.

El movimiento de las mujeres tuvo éxito en todo el occidente, ya que los estados permitieron que las mujeres votaran entre 1893 y 1896. El movimiento por la templanza no utilizó los mismos métodos. En cambio, el movimiento por la templanza del siglo 19 se identificó con grandes reuniones y manifestaciones, que culminaron con la Cruzada de Mujeres en 1873 y 1874, una serie de grandes marchas a lo largo de gran parte del Medio Oeste, que se hicieron famosas por el libro de Timothy Shay Arthur, *Women to the Rescue.*

En los años 1890, al igual que el movimiento por el sufragio, el movimiento por la templanza comenzó a considerar a la política local como un medio para cambiar las leyes sobre el alcohol, lo que eventualmente llevó a la ley seca nacional, un concepto que no era visto como un objetivo realista hasta que comenzó su primer verdadero movimiento de presión, la Liga Antitabernas (ASL).

La ASL fue fundada en 1893 y rápidamente se convirtió en la partidaria más ferviente de la ley seca nacional. Eventualmente eclipsó a la WCTU. Para el final del siglo, la ASL presionaba a varios políticos desde funcionarios locales a congresistas y senadores para votar por su causa. La liga Antitabernas publicaba sus logros a través de las copiosas cantidades de literatura que producía desde su editorial, The American Issue. Uno de los aspectos más destacados de su informe anual fueron los mapas condado por condado que la ASL creó para mostrar qué condados estaban secos, y proclamaban su victoria en condados secos año a año.

El movimiento de templanza tenía un don para lo dramático incluso hacia el siglo 20. Una de las manifestantes más extravagantes contra el alcohol fue Carrie (Carry A) Nation. A menudo fotografiada con un hacha, la nativa de Missouri se hizo conocida por entrar en las tabernas, con su famosa hacha en mano. Después de rezar en el baño, Nation tomó su hacha y destruyó tanto del bar como le fue posible. Recorrió gran parte del Medio Oeste, llevando a cabo el mismo comportamiento de pueblo en pueblo. Nation fue arrestada más de 30 veces, pero eso no detuvo su determinación por la causa de la ley seca. Aunque no era parte de la Liga Antitabernas, su teatralidad destructiva hizo que el enfoque político mesurado de la liga fuera mucho más atractivo para muchos seguidores.

A medida que avanzaba el siglo 20, ambos movimientos cobraron impulso. En 1910, el estado de Washington otorgó a las mujeres el derecho a voto. Cada vez más industrias vieron los beneficios de una fuerza de trabajo sobria, y comenzaron a apoyar la legislación de la ley seca. Además, la tensión entre las áreas rurales y urbanas aumentaba. La población nativista del país veía las ciudades llenas de inmigrantes como el principal ejemplo de los efectos nocivos de la bebida. Combinado con el fortalecimiento del evangelicalismo de principios del siglo 20, con los predicadores y el llamado a la reforma dentro de la política progresiva, la prohibición comenzó a parecer una posibilidad real. El sufragio femenino también se veía como una cuestión de si esto ocurriría en lugar de cuándo. Entre 1911 y 1914, siete estados otorgaron a las mujeres el derecho a voto. Cuando las mujeres marcharon en la manifestación por el sufragio más grande de la historia en Washington DC en 1913, había una confianza en tanto el movimiento por el sufragio como en el movimiento por la ley seca que no estaba presente una generación antes.

La Primera Guerra Mundial ayudó a ambos movimientos a alcanzar sus cúspides en 1920. Cuando el presidente Wilson autorizó el reclutamiento para construir el ejército de la nación, la escasez de mano de obra que creó fue significativa. En cifras récord, mujeres de clase media, esas mismas mujeres que habían estado agitando por el derecho a voto, fueron a trabajar. Casi todos los argumentos en contra de que las mujeres votaran fueron desechados. Durante la guerra y en los años inmediatos de la posguerra, las mujeres marcharon frente a la Casa Blanca instando al presidente Wilson a unirse a su causa. Hicieron eco de la misma retórica que Wilson usó con respecto a la guerra. Si los Estados Unidos eran realmente un faro de democracia para el mundo, ¿no deberían todos sus ciudadanos tener el derecho a voto? En octubre de 1918, el presidente se pronunció a favor del sufragio igualitario, y en mayo siguiente, se propuso la Enmienda Susan B. Anthony. Después de pasar por la Cámara y el Senado, finalmente fue ratificada por los estados en agosto de 1920.

La ruta del movimiento de la ley seca fue un poco más tortuosa, pero su fin fue eventualmente el mismo. Para preservar el grano para el suministro de alimentos doméstico y militar, la prohibición fue una política nacional durante la Primera Guerra Mundial. El mismo año en que la ley seca de guerra entró en vigor, el Congreso propuso la Decimoctava Enmienda, que prohibía la fabricación, venta o transporte de licores intoxicantes. El proyecto de ley pasó por la

Cámara y el Senado y fue ratificada por los estados en once meses el 29 de enero de 1919. Un año después de esa fecha, la nueva enmienda y su correspondiente legislación entrarían en vigencia. La ASL y la WCTU triunfaron y estaban seguras que una nueva era de paz y prosperidad se avecinaba para los Estados Unidos.

Capítulo 4 – El Costo de la Ley Seca

La aprobación de dos enmiendas constitucionales en un año era algo prácticamente inaudito en la historia de EE. UU. Aparte de la Carta de Derechos y las Enmiendas de Reconstrucción, los cambios a la Constitución se hacían lentamente, si es que se hacían. Dos de las grandes causas sociales de la segunda mitad del siglo 19 y principios del siglo 20 habían llegado a buen puerto. La causa del sufragio femenino no sería retractada en los años siguientes. La idea de derogar la Decimonovena Enmienda parece absurda para las sensibilidades modernas. Aunque la lucha por la total igualdad de la mujer continúa, quitarle el derecho a voto es ridículo.

Sorprendentemente, es igualmente ridículo para el pensamiento moderno que alguna vez hubo un tiempo donde había una prohibición total sobre el alcohol en Estados Unidos. La gente se pregunta, ¿cómo los legisladores pudieron pensar que la ley seca era una buena idea? ¿En qué estaban pensando?

Esa es la pregunta que muchos historiadores han intentado responder casi desde que la Decimoctava Enmienda fue derogada en 1933. Una de las primeras respuestas a esas preguntas gira en torno a la popularidad percibida de la prohibición. Los legisladores desde el nivel federal hasta el más local estaban abrumadoramente a favor de la ley seca. Muchos adoptaron esta postura por temor a represalias de la ASL y sus muy efectivas técnicas de presión para asegurar el cumplimiento de su agenda. Entonces, a medida que la enmienda se abría paso por el Congreso Federal y los estatales por toda la nación, muchos legisladores estaban seguros de que la aplicación de la enmienda no sería un gran desafío, ya que, al menos según los números que la ASL proporcionaba, la gente quería esta enmienda.

En la misma línea, muchas personas vieron la ley seca como algo de lo que otras personas se preocuparían. El apoyo más importante a la enmienda provenía de áreas rurales de la nación, y la enmienda era vista como un medio para limpiar los vicios de la ciudad, especialmente las áreas de inmigrante y de la clase trabajadora de las ciudades, ya que estas eran vistas como las peores de cualquier zona urbana. Del mismo modo, la gente de clase media y alta de las ciudades veía la prohibición como un medio para limpiar la peor parte de sus ciudades. Antes de que la ley entrara en vigor, muchos ciudadanos de clase alta compraron una gran cantidad de alcohol para almacenar en sus bodegas. Podía ser bueno secarse para la nación en su conjunto, pero eso no debía impedir tomar vino en la cena. Curiosamente, cuando se trató de hacer cumplir la enmienda, el gobierno federal tuvo mucho más éxito en las áreas rurales que en las urbanas.

Fue esta arrogancia lo que contribuyó a la falta de financiamiento otorgada para hacer cumplir la prohibición. Hasta la Decimonovena Enmienda, la supervisión federal sobre cualquier programa era más la excepción que la regla. Teniendo eso en cuenta, solo se gastaron alrededor de 500.000 dólares en hacer cumplir la ley seca en 1923. Solo 1.500 agentes fueron creados dentro de la nueva Agencia de Prohibición (al principio ubicada en la IRS) para hacer cumplir la ley en toda la nación.

Es más, la Ley Volstead, la ley del Congreso que creó las normas para gobernar la ley seca, era confusa y en ocasiones parecía contradictoria. Había muchas excepciones a la ley. La elaboración de cerveza casera era legal, y era ilegal registrar las casas en busca de alcohol. Hubo excepciones hechas para prácticas religiosas, y la Asociación Médica Estadounidense presionó por una excepción para los doctores para poder prescribir alcohol en caso de ser necesario. Considerando el pequeño número de agentes, la cantidad de exenciones a la ley, y la gran cantidad de territorio que esperaba cubrir, es sorprendente que los agentes de la Prohibición lograran capturar algo.

Las hazañas de algunos de los agentes se volvieron legendarias, si no cómicas. Los agentes de la Prohibición Isidore "Izzy" Einstein y Moe Smith se concentraban más en el espectáculo de un arresto que en hacer justicia. Einstein y Smith se pondrían elaborados disfraces para infiltrarse en establecimientos ilegales de bebida y brincar sobre los clientes en el momento adecuado para lograr un efecto dramático. En al menos un caso, la artimaña fue tan impresionante que las personas en el club aplaudieron a Einstein y Smith por su espectacular exhibición. De acuerdo con el espíritu de su enfoque para hacer cumplir la ley, era de conocimiento común que después de hacer una redada significativa, Eintein y Smith disfrutaban de una cerveza o un cóctel para relajarse.

Dejando a un lado la extravagancia de Einstein y Smith, la realidad de la ley seca tenía un lado mucho más oscuro. Existe la creencia predominante de que el crimen organizado no comenzó en los Estados Unidos hasta la década de 1920. Una mirada a la historia de finales del siglo 19 disipa esa noción. Los muchos distritos Tenderloin en ciudades como Chicago y Nueva York son un testimonio de la capacidad de los criminales para organizar sus esfuerzos para hacer dinero. La prohibición del alcohol les dio a esas mismas organizaciones, y a algunas nuevas, una gran oportunidad de ganar mucho dinero. Cuando se trata de cantidades sustanciales de dinero y criminales, es seguro que la violencia seguirá.

La ubicación más famosa de tal vórtice de dinero, corrupción y violencia fue la ciudad de Chicago. La demanda por alcohol era enorme en la ciudad, y varias organizaciones criminales estaban más que felices de complacerla. En Chicago, esto significaba que el control del Lado Sur recaía principalmente en la pandilla ítalo-estadounidense, encabezada por Johnny Torio y Al Capone. El Lado Norte de la ciudad estaba controlado predominantemente por la pandilla irlandesa-estadounidense, encabezada por Dean O'Banion. Con tanto dinero en disputa, una sangrienta guerra entre las dos pandillas era inevitable. La tasa de homicidios en Chicago se disparó. O'Bannion fue una de las muchas víctimas, baleado en su florería en 1924. Aunque las víctimas casi siempre eran miembros de las pandillas, la percepción pública era que la ciudad era insegura. En 1929, los asesinatos más famosos de todos cimentaron la reputación de Chicago como la capital mundial de los asesinatos.

La Masacre del Día de San Valentín ocurrió en el Lado Norte de Chicago. Fue un intento de matar al líder del momento de la pandilla, Bugs Moran. Los asesinos, disfrazados de policías, posiblemente salvaron la vida de Moran ese día. Mientras se acercaba al lugar en que ocurrirían los asesinatos, Moran se percató de la presencia policial y se apresuró a salir. Muchos de sus compañeros gangsters no tuvieron tanta suerte. Los miembros de la banda del Lado Norte fueron alineados a lo largo de una pared y acribillados sin piedad. Incluso en la época era ampliamente sabido que Al Capone había ordenado el ataque, pero había poca evidencia de que estuviera involucrado. A pesar de eso, con la operación de Moran severamente mermada, Capone tenía un control sin precedentes sobre la ciudad.

La brutalidad de la Masacre del Día de San Valentín era el tipo de crimen y violencia que se supone que la ley seca debía detener. Dos años antes de la masacre, en un intento de traer justicia a la metrópolis del Medio Oeste, la Agencia de Prohibición (ahora parte del Departamento del Tesoro) envió a uno de sus mejores agentes, Eliot Ness, para específicamente enfrentarse a Capone. Ness había tenido algo de éxito en dañar las operaciones ilegales de licor de Capone, pero no lo suficiente como para realmente mellar los negocios de Capone. Cuando se reveló la Masacre del Día de San Valentín, Capone aún era capaz de perpetrar incluso las más brutales acciones. Al menos durante la década de 1920, Capone era realmente intocable.

Si bien muchos eventos similares amargaron la opinión pública sobre la ley seca, la Masacre del Día de San Valentín convenció a muchos antiguos aliados de la prohibición que el gran experimento social era un fracaso. Muchos republicanos, aliados desde hace mucho tiempo de la ASL y la causa de la prohibición, comenzaron a reconsiderar su posición. Las mujeres, también aliadas incondicionales del movimiento de la ley seca, también comenzaron a dividirse respecto al asunto. Al final de la década, lo que parecía un asunto decidido en 1920 era un debate abierto durante la elección presidencial de 1928.

Los sentimientos culturales hacia el alcohol también cambiaron durante la década de 1920. La brutal realidad de la Primera Guerra Mundial hizo a muchos dudar sobre si beber o no seguía siendo un problema particularmente urgente. Comparado con los problemas del mundo, la preocupación por la gente que toma una copa o dos parece ingenua y anticuada.

Este fue especialmente el caso cuando se trataba de mujeres. Con la aprobación de la Decimonovena Enmienda, la idea de la "Mujer Nueva" se hizo popular en todo el país. Una de las imágenes icónicas de la década, la flapper, ilustraba esta nueva idea de femineidad. Una joven y energética mujer que formaba parte de la vida nocturna, que anteriormente era casi exclusivamente masculina, era un poderoso mensaje. La flapper a menudo era fotografiada en un vestido corto, a veces fumando un cigarrillo o sosteniendo una copa de cóctel. Llevaba maquillaje, y mientras estaba en la compañía de hombres, se la consideraba independiente. Esto contrastaba fuertemente con la imagen de las mujeres que hicieron campaña contra el alcohol, con sus vestidos victorianos y miradas severas. Irónicamente, las mujeres muy vestidas y tapadas que lucharon contra el alcohol, lucharon igualmente duro por el derecho a voto, lo que marcaba el comienzo de esta nueva era.

Capítulo 5 – Un Mundo Nuevo

La flapper no era solo un símbolo para las mujeres de la década de 1920; también resume la idea de que los 1920 trajeron algo nuevo a la cultura estadounidense. El mundo de la posguerra de los Estados Unidos vio una gran cantidad de innovaciones y cambios que ni siquiera se consideraban antes de la guerra. Desde la cultura popular y de masas hasta los deportes y la cultura superior, la idea de "lo nuevo" estaba a la vanguardia del pensamiento y cultura estadounidense.

Además de la flapper, ningún otro invento representó más el cambiante panorama de Estados Unidos que el automóvil. Aunque se inventó en los años 1890, no fue hasta que Henry Ford y su producción y distribución masiva de automóviles los hicieron omnipresentes a lo largo del país. El automóvil se convirtió en un símbolo de independencia y libertad. Los ferrocarriles seguían siendo el método de transporte preferido para viajes de largas distancias, y los aviones aún eran exóticos, pero los automóviles ofrecían una forma de viajar rápido, encerrado y relativamente barato.

La característica de lo encerrado fue especialmente significativa debido a la cantidad de privacidad que ofrecía, especialmente en el asiento trasero. El surgimiento de las citas en los años 1920 fue un importante punto de inflexión cultural en los Estados Unidos. Lo que anteriormente sucedía en un ambiente más estructurado y supervisado, se convirtió en una actividad que podía escapar de la supervisión parental, especialmente en un automóvil.

Los automóviles no solo alteraron el comportamiento personal, sino que su producción generó un auge en las industrias de toda la economía. La fabricación de caucho transformó la ciudad de Akron, y la demanda por acero mantuvo las plantas en ciudades como Chicago, Cleveland y especialmente Pittsburgh en pleno funcionamiento. Los caminos de tierra ya no eran una alternativa viable, y las calles de adoquines de muchas ciudades no eran ideales para los automóviles. La construcción de caminos en todo Estados Unidos era una prioridad para muchas ciudades y estados.

Aunque el negocio del petróleo existía desde finales del siglo 19, la llegada del automóvil supuso un enorme aumento en sus ingresos. No solo se necesitaba aceite como lubricante para los motores y ejes de los automóviles, sino que, tras un proceso de refinamiento, el petróleo crudo podía convertirse en gasolina que proporcionaba el combustible para los automóviles. La relación entre todas estas industrias, acero, petróleo, caucho, junto con el vidrio, pinturas y otras, giraba en cierta medida alrededor de la producción de automóviles. Era el comienzo de una economía estadounidense que dominó el mundo más tarde en el siglo 20.

El ascenso de los automóviles no fue el único cambio cultural significativo de los años 1920. La era dorada de la radio también tuvo lugar durante esta década. Los eventos de noticias eran transmitidos a través de varias estaciones, pero también los de entretenimiento. La música era el formato más popular, incluyendo En Vivo desde el Grand Ole Opry y el National Barn Dance, se presentaba en la WLS en Chicago. Las orquestas también eran transmitidas. Los misterios y comedias eran parte de la composición diaria de la programación de radio. La explosión de estaciones de radio y la cantidad de dinero gastada en radios entre 1921 y 1927 demostraba cuán popular se había vuelto la nueva tecnología en un tiempo relativamente corto.

La asimilación cultural también se logró con la programación radial. Había muchas transmisiones en idiomas extranjeros que las comunidades podían sintonizar, pero las estaciones más grandes y más comerciales también eran populares entre los vecindarios étnicos de las ciudades. Es revelador que la primera radionovela no se centraba en un protagonista blanco de clase media o alta. En cambio, se centraba en las historias de una familia étnica que vivía en Nueva York. *Los Goldberg* fueron un enorme éxito y un fenómeno cultural que más tarde fue refundido también como uno de los primeros programas de televisión.

La radio fue la principal tecnología que se abrió paso hacia el hogar estadounidense en los 1920, pero otra innovación sacó a las personas de sus casas: las películas. Las películas, como los automóviles, habían sido más una curiosidad antes de la Primera Guerra Mundial. Los nickelodeons en los paseos o a veces en ocasiones especiales como las ferias mundiales presentaban imágenes en movimiento, pero el cine no se hizo realidad hasta después de la guerra. Esto se debió al hecho de que el titular de muchas de las patentes sobre equipos para la realización de películas era Thomas Edison, quien era muy selectivo respecto a quién podía usar sus materiales.

La principal solución a este problema era que las compañías productoras debían alejarse lo más posible de Edison. Los estudios comenzaron a trasladarse a California en los años 1910, y en la década de 1920, todos los más importantes estudios cinematográficos estaban ubicados en Hollywood. No solo era financieramente mejor para los productores estar en Hollywood, además su clima más suave permitía a las productoras realizar películas durante todo el año. Los actores del cine mudo se convirtieron en estrellas nacionales, otro espectáculo que había estado reservado casi exclusivamente para políticos y predicadores. Douglas Fairbanks Sr., Mary Pickford, Lillian Gish, y Rudolph Valentino se convirtieron en nombres familiares a través de sus populares películas.

En 1927, un experimento de Warner Brothers Studio trajo enormes dividendos para la compañía. En ese año produjeron la primera película con sonido, *The Jazz Singer,* protagonizada por Al Jolson. Aunque gran parte del diálogo aún era representado en tarjetas de diálogo a lo largo de la película, el canto de Jolson fue audible. Otros estudios eran escépticos de la nueva tecnología hasta que vieron el abrumador éxito de *The Jazz Singer.* El cambio del cine mudo a las películas habladas redefinió Hollywood.

La historia de The Jazz Singer, el hijo de un inmigrante que luchaba por ser fiel a su ascendencia en lugar de querer ser parte de Estados Unidos, fue familiar para muchos inmigrantes de primera generación y comunidades étnicas. Las películas eran la forma más accesible de entretenimiento estadounidense para las comunidades étnicas de la ciudad estadounidense. Los inmigrantes y sus hijos no iban al cine en las grandes salas de cine de los distritos del centro como Times Square en Nueva York o State Street en Chicago, sino a los pequeños cines de su vecindario. Sin embargo, con la llegada del sonido, el gasto de modernizar un cine era prohibitivo para los propietarios étnicos. Aunque aún no eran clientes habituales, las familias inmigrantes fueron a cines más grandes y comerciales para ver las últimas películas.

Se había cerrado la puerta a los inmigrantes al inicio de la década, y existía el temor entre los líderes étnicos que la falta de recién llegados reduciría la conexión con el "viejo país" para muchos en sus comunidades. De cierta forma, esto resultó ser cierto. Ocurrió un híbrido interesante. Cada vez más inmigrantes se diversificaron, como Jazz Singer, y exploraron la nueva cultura de los 1920, pero las comunidades étnicas que se habían establecido a lo largo de los primeros años del siglo veinte aún eran fuertes. Distintos enclaves salpicaban las ciudades por todo Estados Unidos. Chicago suele ser llamada la ciudad de los barrios, pero esos barrios fueron establecidos por varios grupos. Bridgeport era irlandés, Little Italy era italiano, Maxwell Street era judío, etc. Estos límites entre vecindarios perduraron mucho más allá de la década de 1920, incluso cuando muchos en las comunidades experimentaban el resto de la ciudad con los otros grupos étnicos con los cuales compartían espacios.

Otras actividades recreativas estaban sacando a las personas de sus casas además de las películas. Los deportes de espectadores vieron un dramático aumento en la asistencia de público durante los 1920, ninguno más que el pasatiempo nacional, el béisbol. Una persona atrajo la mayor atención al deporte, George Herman Ruth, más conocido como Babe.

El béisbol necesitaba un nuevo héroe. La Serie Mundial de 1919 estaba bajo sospecha de estar arreglada. Se rumoreaba que el equipo de la Liga Americana, los White Sox de Chicago, habían aceptado dinero de apostadores en Nueva York para sabotear la serie. En 1920, un gran jurado fue convocado y se estaban dictando acusaciones. A pesar de que los jugadores fueron absueltos en los tribunales, el nuevo comisionado de béisbol, Kenesaw Landis, expulsó a los ocho jugadores sospechosos de aceptar sobornos. El corpulento hombre de Baltimore con el swing loco era justo lo que el béisbol necesitaba para volver a la luz positiva como el pasatiempo de los Estados Unidos.

Babe Ruth nació en Baltimore, Maryland, y comenzó su carrera en las Grandes Ligas en Boston, pero no fue hasta su traspaso a Nueva York para la temporada de 1920 que se volvió un gran atractivo para la MLB. Aquel primer año en Nueva York, Babe Ruth y los Yankees de Nueva York atrajeron a más de un millón de fanáticos al estadio, un número casi sin precedentes antes de 1920. Los Yankees continuaron atrayendo a más de un millón durante casi todos los años de la década, encabezando rutinariamente las Grandes Ligas en términos de asistencia. Pero esto no era solo en Nueva York; cuando los Yankees viajaban a otras ciudades, la asistencia se disparaba para el equipo local.

La gente también venía a ver a Babe Ruth y los colosales jonrones que rutinariamente bateaba. Nadie bateó jonrones de la misma manera que él, alto, lejos y volando sobre la reja. Hasta 1920 y con la nueva técnica de bateo de Babe Ruth, que usaba un swing de uppercut y un swing fuerte, los bateadores se concentraban más en esparcir la bola por todos los campos, en el contacto más que en la potencia. Pero la gente no solo amaba ver sus jonrones, también disfrutaba verlo golpear y fallar porque era una acción muy violenta. A menudo Ruth giraba con tanta fuerza al intentar un jonrón que cuando fallaba, se caía. Era béisbol combinado con comedia de payasadas.

Los 1920 vieron, en gran parte debido a Babe Ruth, el surgimiento de los Yankees de Nueva York como la franquicia deportiva preeminente en los Estados Unidos. Antes de la llegada de Ruth, los Yankees eran el tercer equipo en la ciudad de Nueva York, por detrás de los Brooklyn Dodgers y los New York Giants, el equipo dominante de la década anterior. Los Yankees eran inquilinos de los Giants en su estadio local, el Polo Grounds. Cuando Babe Ruth fue traspasado a los Yankees todo eso cambió. Los Yankees superaron a los Giants hasta el punto en que el entrenador y copropietario de los Giants, John McGraw, decidió no renovar el contrato de arrendamiento de los advenedizos de la Liga Americana.

Eso no le importó a los Yankees y su dueño, Jacob Ruppert. Él ya había elaborado planes para construir una moderna estructura en el Bronx. El Yankee Stadium era un edificio masivo, construido al otro lado del río del Polo Grounds. Utilizado por primera vez en 1923, albergaría decenas de campeonatos durante las décadas siguientes, el primero de ellos fue el año de su inauguración.

Tres años después, los Yankees, con Ruth como parte del orden de bateo, el famoso Murderer's Row dominó la Liga Americana por los siguientes tres años. Aunque ninguno de los jugadores rivalizó con Ruth en el juego o la fama, la fama del equipo es algo con los que muchos equipos modernos todavía se comparan.

La popularidad de Ruth fue más allá de su juego. A menudo era visto en Nueva York y otras ciudades. Él era, como los actores de Hollywood, una estrella. Sin embargo, más que cualquier otra persona, Ruth encarnó la década de 1920. Era grande, ruidoso y sociable. Los 1920 a menudo son comparados con una fiesta, y Ruth era el alma de esa fiesta.

El campeón de peso pesado, Jack Dempsey, rivalizó con Ruth por su popularidad como figura deportiva. Al igual que Ruth, Dempsey provenía de un entorno pobre y usaba el deporte como una forma de ganar dinero y salir de circunstancias difíciles. No pasó mucho tiempo en su carrera antes de que Dempsey ganara el título y lo mantuviera por siete años. Mientras defendía su corona, las peleas de Dempsey llenaban los más grandes estadios en los Estados Unidos, por ejemplo, 85.000 personas en el Polo Grounds de Nueva York. Incluso cuando ya no era el campeón, su revancha contra Gene Tunney atrajo a más de 100.000 espectadores y más de dos millones de dólares en ingresos por entradas. Millones más escucharon la pelea en la radio. Se pensaba que la infame "Long Count Fight" fue el evento deportivo más visto en la historia. (Dempsey perdió en una decisión).

Además del béisbol y el boxeo, un deporte relativamente nuevo, asociado en gran parte con el entorno de clase alta de la universidad, comenzó a dar a conocer su presencia. El fútbol americano universitario era bastante popular con estrellas como Red Grange quien jugaba por la Universidad de Illinois y los Cuatro Jinetes de Notre Dame y llenaba estadios y titulares por todo el país. En 1920, una nueva iniciativa comenzó en Canton, Ohio. Un grupo de catorce equipos iniciaron el fútbol americano profesional. En 1922 la liga adoptaría como nombre Liga Nacional de Fútbol Americano. Jugando en pequeños estadios y usualmente arrendando a equipos de béisbol que no estaban en temporada, la liga no era un gran rival para los grandes deportes como el béisbol, boxeo y carreras de caballo. Comenzó a atraer fanáticos, especialmente cuando estrellas universitarias como Grange decidieron jugar en la liga.

Tan grande como cualquier celebridad deportiva o estrella de cine, fue un hombre que simbolizó el individualismo rudo que también era prominente en los 1920. Charles Lindbergh hizo el primer vuelo en solitario a través del océano Atlántico en 1927. La atrevida hazaña le valió fama mundial casi instantánea. Se celebraron desfiles y banquetes en su honor, y recibió medallas de los gobiernos de

Estados Unidos y Francia. Fue un héroe individual durante una década que celebraba la grandeza personal. A diferencia de la Era Progresista anterior, que se trataba de responsabilidad social y de cuidar de aquellos quienes no podían cuidarse a sí mismos, los 1920 se trataron de logros personales. Al igual que Babe Ruth y Jack Dempsey, Lindbergh fue una estrella por méritos propios.

Otra importante contribución a la cultura de los años 1920, una que ha perdurado para ayudar a definir la época, fue la escritura. No todos los autores de la época se volvieron ricos y famosos, pero muchos de los más importantes lo hicieron, y reflejaron, al igual que Babe Ruth y Jack Dempsey, el espíritu de la época. El más icónico de esta generación de escritores fue F. Scott Fitzgerald.

Fitzgerald, a diferencia de sus otros famosos contemporáneos Ruth y Dempsey, provenía de la clase media de Minnesota. Asistió a Princeton y estaba decidido a convertirse en escritor. Pasó tiempo en el ejército durante la Primera Guerra Mundial, aunque nunca fue a Europa debido a que la guerra terminó antes de que pudiera ser desplegado. Su primera novela, *A este lado del paraíso*, fue un éxito inmediato, y él junto a su esposa Zelda, comenzaron a vivir en París y Nueva York.

Fitzgerald publicó cuatro novelas más y numerosos cuentos, pero fue su estilo de vida junto a su esposa lo que lo convirtió en una celebridad. La pareja vivía en esplendor y gastaba una gran cantidad de dinero para mantener las apariencias. Su consumo de alcohol se convirtió en un problema, incluso en una época en que a menudo el acto de beber era pasado por alto. Debido a esto, Fitzgerald a menudo luchaba para llegar a fin de mes.

Otros escritores que estuvieron un tiempo en París además de Fitzgerald se hicieron conocidos como la "Generación Perdida". Este apodo resume la idea de que mucha de la cultura de la década de 1920 fue una reacción a la Primera Guerra Mundial. Los escritos del contemporáneo y amigo de Fitzgerald, Ernest Hemingway, trataban explícitamente con el significado de la vida luego de una experiencia tan horrenda como la guerra moderna. Sinclair Lewis, tal vez el más exitoso comercialmente de la generación, era un fiero crítico social a través de sus novelas, especialmente *Babbit*. William Faulkner también fue parte de esta generación, y su trabajo es tan profundo como el de sus contemporáneos, pero desde un punto de vista muy diferente. A diferencia de los escritores de Nueva York y París, Faulkner completó gran parte de su escritura en el sur, especialmente en su natal estado de Mississippi.

Faulkner y su inspiración sureña era más la excepción que la regla de los años 1920. De acuerdo al censo de Estados Unidos de 1920, por primera vez más personas vivían en áreas urbanas que en rurales. La famosa canción "How Ya Gonna Keep 'Em Down on the Farm?" era un tema apropiado para toda la década. La vida nocturna de los clubes de jazz y los bares clandestinos estaba en la ciudad. Los cines más grandes y todos los recintos deportivos estaban en la ciudad. La década de 1920 a menudo se considera una época dorada para los deportes y la música, pero fue realmente la época dorada para la ciudad estadounidense.

Las personas demandaban la modernidad que la ciudad prometía. Incluso si decidían no mudarse, cada vez más personas en las áreas rurales querían lo que las ciudades tenían, especialmente la electricidad. Tanto dentro como fuera de la ciudad, las personas querían artefactos que requerían electricidad. El sistema que entregaba esa energía era un componente fundamental de la ciudad moderna. Este nuevo servicio se volvió tan importante para la vida moderna como el agua potable y las calles transitables. La electricidad fue un símbolo del nuevo consumo masivo que llegó a definir la década de 1920.

A medida que los movimientos sociales y nuevas formas de entretenimiento emergían en los años 1920, el denominador común para ellos fue la ciudad. Ya sea celebrando el estilo de vida urbano o reaccionando contra él, la ciudad, a diferencia de generaciones anteriores, era el centro de la consciencia estadounidense. Frederick Jackson Turner afirmó que la frontera estadounidense se había cerrado en 1893, pero en la década posterior a la Primera Guerra

Mundial, una nueva frontera estaba siendo explorada por más personas que nunca, ciudad estadounidense.

Capítulo 6 – Afroamericanos

La historia de los afroamericanos está llena de constantes dificultades y luchas. Al salir de las horribles circunstancias de la esclavitud, solo para ser rápidamente reducidos a ciudadanos de segunda clase por las fuerzas de Jim Crow, los afroamericanos han soportado mucho más que cualquier otra raza en los Estados Unidos. Esto comenzó a cambiar a medida que los afroamericanos se mudaron a las ciudades en el norte durante y después de la Primera Guerra Mundial. Las oportunidades de prosperidad personal y avance que los afroamericanos no habían visto desde la era de la reconstrucción, estaban a su alcance en su nuevo entorno. Para 1928, el primer afroamericano desde la década de 1870 fue elegido para el Congreso desde Chicago, Oscar DePriest. Para 1930, el cuarenta por ciento de los afroamericanos se había mudado a áreas urbanas. Los afroamericanos estaban ganando más dinero que nunca, y emitían votos que se les habían negado en el sur.

Sin embargo, esto no fue fácil. El resentimiento y miedo de los blancos dentro de esas mismas ciudades provocaron disturbios y violencia indiscriminada, que era muy similar a las amenazas y la intimidación que los afroamericanos experimentaron en el sur. Es más, los afroamericanos ya establecidos en las ciudades del norte no querían que los menos cultos de su raza perturbaran el delicado equilibrio que habían logrado.

Aunque no estaba establecida por ley en el norte como en el sur, la segregación era la realidad en las ciudades del norte. Vecindarios específicos fueron considerados vecindarios afroamericanos, y era casi imposible para cualquier afroamericano salir de esos límites. El distrito Hill en Pittsburgh, Bronzeville en Chicago y Harlem en Nueva York se convirtieron en centros de la vida y cultura negras durante los años 1920.

Sin embargo, fue esa cultura la que floreció en la década de 1920, especialmente de los migrantes que llegaban desde el sur. Si uno observa la expansión de la música jazz desde sus raíces en Nueva Orleans a su popularidad en Kansas City, Chicago, y luego a lo largo del país en lugares como Nueva York, prácticamente sigue la ruta migratoria de miles de afroamericanos. Dos de los más prominentes músicos de Jazz siguieron esta ruta familiar.

Jelly Roll Morton nació en Nueva Orleans, y a la edad de catorce años tocaba piano en burdeles de la ciudad. Poco después comenzó a hacer giras por el sur y finalmente se dirigió a Chicago donde primero grabó parte de su música. Morton afirmaba haber creado un nuevo estilo de música llamado jazz, y llevó su nuevo sonido a otras ciudades a lo largo del país, especialmente Nueva York.

Morton puede o no haber creado el jazz, pero otro hijo de Nueva Orleans convirtió al jazz en un fenómeno internacional. Louis Armstrong era un trompetista por oficio y fue como instrumentista que hizo sus primeras grabaciones. Sus grupos Hot Five y Hot Seven que comenzaron en Chicago fueron sus primeros éxitos. Armstrong también se hizo conocido por su inconfundible estilo vocal. Cuando cantaba sonaba único, sonaba en muchas maneras como su voz de barítono. A diferencia de otros cantantes de la época, Armstrong no intentaba imitar un falsete o cambiar su voz de ninguna forma. Su voz era su voz. La autenticidad de Armstrong influyó en cantantes posteriores como Frank Sinatra y Bob Dylan.

El escenario de la música jazz era el club nocturno, usualmente en el barrio afroamericano de cualquier ciudad. El más famoso de ellos, el Cotton Club, tenía música en vivo todas las noches, y las estrellas más grandes de la ciudad como Babe Ruth y Jack Dempsey frecuentaban el famoso club nocturno. Todos venían a ver al líder de banda más famoso e influyente de la época, Duke Ellington.

Duke Ellington fue un músico compositor, manager y pionero del jazz. Su primera residencia en el Cotton Club se convirtió en una leyenda en la historia del jazz. Artistas como Bubber Miley y Lonnie Johnson fueron parte de la orquesta que entretuvo a miles quienes viajaron al club a lo largo de la permanencia de tres años de la orquesta. Ellington y su orquesta tocaron para cantantes, tocaban sus propias composiciones y proporcionaron música de baile para los clientes.

Estos clientes también fueron algo muy nuevo para la cultura estadounidense. La audiencia en clubes como el Cotton Club era racialmente mixta. Los clubes que atendían a una audiencia mixta eran denominados como clubes "negros y bronceados". Estos clubes estaban en la parte afroamericana de las ciudades, y los blancos que los visitaban se veían a sí mismos como "marginales". La actitud y atmósfera voyerista contribuyó poco a los derechos civiles, pero demostró que al menos podría haber cierta apertura en la interacción social. Definitivamente no era un impulso hacia la igualdad. Afroamericanos entreteniendo blancos había sido algo común desde el comienzo de la nación. Sin embargo, en los clubes de jazz de la década de 1920, los blancos efectivamente estaban pagando por el privilegio de ser entretenidos por artistas negros. En los clubes que eran parte de la comunidad negra, no había una pista de baile separada, por lo que la interacción tenía que ser tolerada como mínimo.

La excepción a esta jerarquía dividida eran los músicos blancos quienes viajaban a estos clubes para ver a los músicos tocar un tipo de música que los inspiraba. Los jóvenes músicos blancos no eran marginales, sino que estaban aprendiendo. Famosos músicos, como

Hoagy Carmichael, se rebelaron contra su formación rural y suburbana y las actitudes raciales allí expresadas. Ellos no eran el típico miembro de la audiencia, pero, ya que la música tuvo un profundo efecto en ellos, más tarde se convirtieron en líderes de bandas y artistas de grabación, ellos apoyaban derechos iguales para los músicos afroamericanos y en algunos casos no tocarían en clubes que discriminaran a personas de ese grupo. Era un pequeño ejemplo de cambio social, pero significativo. Afroamericanos y blancos compartiendo escenario fue una poderosa imagen que empezó en la década de 1920.

Fuera de los Estados Unidos, otra artista afroamericana, Josephine Baker, se convirtió en una de las estadounidenses más famosas en el mundo. Nacida en San Luis, emigró a París en 1925. Actuó en toda Europa, pero principalmente en los Campos Elíseos, donde la comunidad de expatriados estadounidenses la adoraban, especialmente Ernest Hemingway. Aunque el debut de Baker en Broadway fue un fracaso, en el transcurso de su larga carrera también se ganó al público estadounidense. Fue pionera en el entretenimiento y usó su fama para promover la causa de los derechos civiles a lo largo de su carrera.

La danza también fue una importación clave del sur. A medida que el jazz se volvía cada vez más popular, los bailes asociados al estilo también crecieron en popularidad. El Lindy Hop, el Charleston y el Black Bottom se veían constantemente en las pistas de baile de los clubes nocturnos en todo el país. Los bailes más tradicionales, como el vals, eran vistos como anticuados y fuera de contacto, mientras que los bailes nuevos reflejaban los tiempos nuevos. Hombres jóvenes con el cabello peinado hacia atrás mantenido en su lugar con gomina, y mujeres en vestidos cortos se convirtieron en símbolos visibles de una generación que era urbana, sofisticada y enérgica.

Los clubes de baile en barrios afroamericanos atendían a una clientela diversa, pero muchos de los negocios en esos distritos atendían a los afroamericanos. Esto no era por discriminación por parte de los propietarios de negocios afroamericanos. Debido a que los negocios blancos no atendían clientes negros, la necesidad de la comunidad era satisfecha por emprendedores negros. Los afroamericanos comenzaron sus propias compañías de seguros, funerarias y bancos para otorgar a los afroamericanos los servicios que de otra manera se les negaban. Adicionalmente, dado que los periódicos blancos no abordaban los problemas que preocupaban a la comunidad afroamericana local y nacional, los periódicos negros cobraron importancia. El *The Chicago Defender* y el *The Pittsburgh Courier* fueron dos de los más grandes periódicos de la comunidad negra, y tenían una fuerte circulación fuera de sus ciudades de origen.

Entre estos pioneros de los negocios estaban los fundadores de la primera Liga Nacional Negra, una liga de béisbol conformada por jugadores de color quienes eran excluidos por las Grandes Ligas de Béisbol. Rube Foster fundó el primer equipo, los Chicago Negro Giants, y varias ciudades siguieron su ejemplo con equipos propios. Esta liga inicial destacó a algunos de los mejores jugadores de la época, incluyendo a Oscar Charleston y Biz Mackey. Aunque esta primera liga no sobreviviría a la Gran Depresión, una nueva liga surgió en la década de 1930 y duraría hasta finales de los años 1950 cuando la integración del béisbol estaba casi completa.

A medida que las comunidades afroamericanas crecían y prosperaban en los Estados Unidos, una se convirtió en el epicentro de la cultura, pensamiento y acción política afroamericana. Harlem, en Nueva York, era un símbolo para todos los afroamericanos de todo lo que su cultura era capaz de hacer. Escritores como Zora Neale Hurston y Langston Hughes fueron aclamados por la crítica en los círculos literarios.

Harlem fue también donde los líderes políticos afroamericanos gravitaron. A. Philip Randolph, W.E.B. Du Bois, y Marcus Garvey estuvieron activos durante los años 1920. Los tres hombres empezaron a comienzos del siglo 20, pero tuvieron diversos grados de éxito en la década de 1920. Dubois estuvo fuertemente influenciado por la experiencia de los soldados afroamericanos en la Primera

Guerra Mundial. Tras la guerra, él entrevistó a muchos soldados afroamericanos que regresaban, y descubrió que aquellos que sirvieron hicieron principalmente trabajos serviles. Incluso a muy pocos se les entregó armas. A pesar de esto, Du Bois estaba impresionado con la confianza con la que muchos soldados volvían. Esta nueva perspectiva fue conocida como el "Negro Nuevo", o la actitud de los afroamericanos de ser más francos y vocales por sus derechos.

Como había estado a principios de siglo, Du Bois estaba más interesado en la integración de los afroamericanos y blancos en la sociedad estadounidense. Después de la Primera Guerra Mundial, Du Bois se interesó en el concepto de panafricanismo, la idea de que todas las personas descendientes del continente de África no solo tenían un origen común, sino que una meta común de aceptación e igualdad alrededor del mundo. A medida que Du Bois envejeció, su panafricanismo creció hacia una creencia más socialista y anticolonial, que definió gran parte de sus escritos posteriores.

En el segundo Congreso Panafricano, Du Bois conoció a otro líder afroamericano quien desafiaría a Du Bois en varias de sus metas dentro de la sociedad de los Estados Unidos. Marcus Garvey, un jamaicano, fue influenciado por Booker T. Washington. Aunque Washington creía en la separación de razas a un nivel económico, Garvey fue un paso más allá y llamó al separatismo negro, con el objetivo final expresado en el movimiento Regreso a África de Garvey. La idea detrás de este movimiento era que todos los pueblos de África que habían sido sacados por la fuerza de la esclavitud de sus hogares ancestrales, debían retornar a África y construir una nueva sociedad allí. A través de su Asociación Universal de Desarrollo Negro (UNIA), Garvey promovió este objetivo y también la filosofía de panafricanismo.

Para promover esta agenda, Garvey instituyó dos iniciativas. Primero, la UNIA hizo todo lo que pudo para promover su causa celebrando la cultura africana. La organización realizó desfiles casi semanales por Harlem, llenos de pompa y vestimentas militares para demostrar la diversidad y el poder de los africanos de todo el mundo. Tenía que ver con mantener la idea del Negro Nuevo, de ponerse de pie y ser reconocido. Sin embargo, ningún evento logró más para promover esa causa, que cuando la UNIA celebró un mitin en el Madison Square Garden. 25.000 personas llenaron el recinto en una celebración de panafricanismo.

Como podía esperarse, Du Bois no era un admirador de Garvey y su política separatista. En una serie de artículos en *The Crisis* (la revista de la NAACP), Du Bois se refirió a Garvey como "el más peligroso enemigo de la raza negra en Estados Unidos y el mundo". No ayudó a la reputación de Garvey el hecho de que mantuvo una reunión con el líder del Ku Klux Klan en 1922, afirmando que el KKK era un mejor amigo para los africanos que los muchos blancos hipócritas que decían ayudar, pero que en realidad no tenían el deseo de hacerlo. Aunque se haría eco de los pensamientos de Garvey en años posteriores, hicieron poco para ganarle seguidores, y convirtieron a potenciales aliados, como Du Bois, en adversarios.

El retorno a África tampoco era una teoría. En 1919 la UNIA compró dos transatlánticos para iniciar el proceso de llevar bienes y eventualmente personas de vuelta a África. La Black Star Line, el nombre dado a la compañía, tuvo muchos problemas casi desde el comienzo y finalmente cesó sus operaciones en 1922. Para colmo de males, el Buró de Investigación Federal se interesó casi inmediatamente en la empresa, y luego acusó a Garvey de fraude postal. Fue hallado culpable y cumplió cinco años de prisión. Tras su liberación en 1927, Garvey fue deportado de vuelta a Jamaica.

Entre los dos pilares de Du Bois y Garvey, se encontraba la figura de Asa Philip Randolph. Como organizador laboral, los comienzos de sus grandes éxitos empezaron en la década de 1920. Era un fuerte partidario del socialismo y lo veía como la principal forma para alcanzar la igualdad para los afroamericanos específicamente, pero también para todos los trabajadores en términos más generales.

En 1917 Randolph organizó a los ascensoristas de Nueva York en un sindicato, y en 1919 fue elegido presidente de la Fraternidad

Nacional de Trabajadores de Estados Unidos, un sindicato que reunía a los trabajadores portuarios afroamericanos en Virginia. La Federación Estadounidense del Trabajo (AFL) presionó al grupo para que se disolviera, ya que sentían que era redundante con lo que ellos intentaban lograr con el sindicato de obreros portuarios.

Randolph es mejor conocido por el sindicato que ayudó a crear, la Fraternidad de Mozos de Coches Dormitorio en 1925. No había nada comparable para la AFL para objetar, por lo tanto, la membresía predominantemente afroamericana continuó organizándose. Los primeros años del sindicato no fueron particularmente exitosos, ya que una amenaza de huelga debió abandonarse debido a rumores de que había rompehuelgas listos para tomar los puestos de los miembros del sindicato. Al no seguir adelante con la huelga, la Fraternidad tuvo una enorme disminución en su membresía. No sería hasta la presidencia de Franklin Roosevelt y el New Deal que el sindicato vería avances significativos en los derechos y las condiciones laborales de sus miembros.

A pesar del severo racismo que era parte de la sociedad estadounidense en los años 1920, con la segregación en el sur y la segregación de facto en el norte, los afroamericanos vieron importantes avances como grupo. Un porcentaje mucho mayor de afroamericanos se había mudado del sur y estaban aprovechando mejores oportunidades, incluso si eso significaba mudarse a nuevas ciudades, y crear tensiones entre ellos y los blancos y los ciudadanos afroamericanos ya establecidos. Por primera vez desde la Reconstrucción, los afroamericanos demostraron un real poder político y económico. Los artistas afroamericanos, especialmente en la música, no solo transformaron las ciudades, sino que el panorama nacional de lo que era realmente la música estadounidense. Numerosos líderes afroamericanos continuaron luchando por mejoras para los afroamericanos dentro o quizás fuera de la sociedad en general. Este último punto siguió siendo un debate dentro de la lucha en curso por los derechos civiles.

Capítulo 7 – Políticas y Normas

La década de 1920 es recordada como una época en que las grandes empresas obtuvieron enormes ganancias, y el gobierno estadounidense apoyaba a estas compañías. Como la famosa frase de Calvin Coolidge, "el negocio de los Estados Unidos son los negocios". En lo que respecta a la presidencia en los años 1920, era trabajo del presidente promover las empresas y mantenerse fuera de su camino tanto como fuera posible.

Después de la Primera Guerra Mundial y las negociaciones de paz que le siguieron, ocurrió un enorme cambio en el gobierno nacional. Por primera vez en una década, el Partido Republicano recuperó la Cámara y el Senado. Las elecciones de mitad de período de 1918 fueron un indicador. Los votantes anunciaron que habían terminado con la agenda progresista que había dominado las primeras dos décadas del siglo 20. También fue una clara señal de que los estadounidenses habían terminado con el liderazgo de Woodrow Wilson. A medida que concluían las negociaciones en Versalles, comenzaron reacciones contra el globalismo que Wilson apoyaba.

El rechazo más obvio contra la intervención estadounidense en asuntos extranjeros, se produjo cuando el Senado de los Estados Unidos rechazó el tratado que los habría convertido en miembros de la Liga de las Naciones. La idea de un organismo internacional para ayudar a gobernar y resolver disputas era uno de los elementos distintivos de los Catorce Puntos de Woodrow Wilson, el esbozo de paz que presentó en Versalles. Al rechazar la Liga, el Senado rechazaba el plan de Wilson para la democracia en todo el mundo.

En el otoño de 1919, Woodrow Wilson una apoplejía masiva y estuvo virtualmente incapacitado por el resto de su presidencia. Su esposa Edith se encargó de la mayoría de las tareas diarias de la oficina del presidente. Ella también controlaba el acceso al presidente. Incluso dudaba de los miembros del propio partido del presidente y lo que harían si se enteraban de la condición de Wilson. Casi no hizo apariciones o declaraciones públicas. Aun así, Wilson tuvo que ser disuadido de postular a un tercer período para la presidencia.

Warren G. Harding derrotó al candidato demócrata, James Cox, con una asombrosa cantidad de votos electorales, 401 de 531 posibles, y un abrumador porcentaje de voto popular, 60,2%. El mensaje de Harding que proclamó como un "regreso a la normalidad", resonó en los votantes de todas las áreas demográficas y regionales. Las contiendas simultáneas al congreso se sumaron a las mayorías republicanas en la Cámara y en el Senado. Por el resto de la década, todos los poderes electos del gobierno fueron dominados por el Partido Republicano.

Harding era un político de carrera de Ohio, que construyó un periódico sólido hasta ser elegido a la Cámara de Representantes de Ohio. Aunque perdió una candidatura para ser gobernador del estado, fue uno de los primeros senadores en ser electos bajo las disposiciones de la Decimoséptima Enmienda. Como una demostración de una era muy diferente, Harding apenas había salido de Ohio cuando comenzó a hacer campaña para presidente, usando el estilo de campaña de "porche delantero", también usado por el anterior presidente republicano William McKinley.

La famosa frase de Harding "no tengo problemas con mis enemigos. Puedo encargarme de mis enemigos. Pero mis malditos amigos... ¡Ellos son los que me mantienen caminando por el piso en las noches!" La administración de Harding estuvo plagada de escándalos. El más famoso de ellos involucró a su Secretario del Interior, Albert Fall. Surgió a partir de la concesión de derechos de extracción de reservas de petróleo que habían sido reservadas para la Marina de los Estados Unidos. Después de que las tierras fueran abiertas para la perforación comercial, una parcela en Elk Hills, California y la otra en Teapot Dome, Wyoming, dos diferentes empresas petroleras que habían pagado 400.000 dólares a Fall se adjudicaron los contratos.

Otros escándalos también relacionados con pagos ilícitos con la oficina del Fiscal General y el Departamento de Asuntos de Veteranos mancharon la reputación de Harding, pero no al hombre mismo. El 2 de agosto de 1923 Harding, en un viaje a la costa oeste, murió de un ataque cardiaco en San Francisco. Gran parte de los escándalos que rodearon a su administración no fueron revelados sino hasta después de su muerte, incluidas sus aventuras extramaritales. Al momento de su muerte, aún era apreciado y era bastante popular como presidente.

El sucesor de Harding fue su vicepresidente, Calvin Coolidge. Cuando Coolidge murió en 1933 la célebre satírica Dorothy Party bromeó "¿cómo puedes saberlo?" Coolidge puede no haber sido el hombre más expresivo, pero durante la mayor parte de la década de 1920, él fue el presidente de los Estados Unidos. Su administración moldeó las políticas más que su predecesor y su sucesor en 1929.

De acuerdo con las ideas aislacionistas del Senado, Coolidge no tenía planes de entrar en ninguna alianza. Aunque intentó mantener buenas relaciones en toda Europa, su insistencia en que las naciones europeas pagaran toda su deuda no contribuyó a la armonía. Especialmente Alemania estaba fuertemente presionada para pagar sus costos de las reparaciones, pero si los Estados Unidos no perdonaban ninguna deuda crediticia, lo que no hicieron, otros países no tenían más remedio que continuar insistiendo en mantener los pies de Alemania en el fuego financiero.

Como se dijo al comienzo de este capítulo, Coolidge era partidario de las grandes empresas en los Estados Unidos. Una de las principales formas en que apoyó a las empresas estadounidenses, que a la inversa fue perjudicial para las relaciones de Estados Unidos con otras naciones, fue mantener aranceles altos sobre bienes importados. Cinco años después de la aprobación del Arancel Fordney-McCumber, que establecía aranceles altos, los socios comerciales extranjeros comenzaron a tomar represalias y a subir sus propios aranceles en bienes estadounidenses, especialmente en los productos alimenticios.

Coolidge estaba decidido a eliminar la "tiranía de la regulación y el control burocrático". Hizo poco para frenar cualquiera de los excesos de las empresas que los progresistas anteriores habían intentado controlar. En general, su política en lo que respecta al gobierno federal era que cuanto menos se hiciera, mejor. Las políticas como el trabajo infantil y la regulación de las horas de trabajo era mejor dejarlas a cargo de las autoridades locales y estatales, no del gobierno nacional. Esto también se extendió a Wall Street, donde para empezar ya había poca regulación; bajo Coolidge, era casi inexistente.

En la misma línea, Coolidge y su Secretario del Tesoro, Andrew Mellon, creían que los impuestos más bajos en realidad ayudaban al gobierno a obtener ingresos. Era una teoría similar a la economía de goteo, donde el dinero ahorrado por los ricos conduciría a la creación de empleos y al crecimiento, generando así más contribuyentes y más ingresos para el gobierno. Esa política contribuyó enormemente a enriquecer a los que ya eran ricos, pero ayudó poco a beneficiar a la clase media y trabajadora.

Sin embargo, en general los estadounidenses apoyaban al presidente Coolidge y sus políticas, especialmente aquellas que eran más proteccionistas y aislacionistas. Los impuestos habían sido recortados, y aunque la mayoría de los estadounidenses no se beneficiaban de esos recortes, hicieron lo suficiente. Todo esto llevó a una campaña presidencial de 1924 bastante predecible. No fue la victoria aplastante de Harding, pero igualmente fue un triunfo significativo para Coolidge y los republicanos. Coolidge obtuvo 382 votos electorales de 531 posibles, y recibió el 54% del voto popular frente al 28,8% de su rival demócrata John Davis.

Curiosamente, uno de los distritos electorales que nunca tuvo una fuerte relación con Coolidge igualmente votó por él. Las tierras agrícolas de los Estados Unidos, el granero del mundo, votaron sólidamente por el candidato republicano. Los altos aranceles perjudicaron especialmente a los agricultores de EE. UU., especialmente cuando otros países elevaron sus aranceles en represalia. Incluso si los aranceles hubieran permanecido bajos para los productos estadounidenses, los agricultores estadounidenses igualmente habrían sufrido, especialmente en el segundo período de Coolidge. Durante y poco después de la Primera Guerra Mundial, los agricultores estadounidenses disfrutaron de un gran auge, alimentando a las naciones en guerra en el mundo y aquellas devastadas después del conflicto. Sin embargo, a mediados de la década de 1920 Europa comenzó a recuperarse. Las granjas estadounidenses estaban atascadas con un excedente que solo podían vender a pérdida o definitivamente no venderlo. La administración de Coolidge propuso la idea de las cooperativas agrícolas como un medio para frenar la sobreproducción, pero obtuvo poco apoyo.

En el Senado, se propuso el proyecto de ley Mcnary-Haugen como un medio para ayudar a los agricultores. La principal idea era que el gobierno compraría su exceso de producción y la vendería en el mercado mundial. Para recuperar sus pérdidas, el gobierno cobraría a los agricultores beneficiados por el programa, y también agregaría impuestos a la venta de alimentos para repartir los costos de manera más equitativa entre los ciudadanos. Coolidge y muchos en su gabinete se oponían al proyecto, viéndolo como mucha interferencia gubernamental y que no permitía a los agricultores valerse por sí mismos. Ambas cámaras del Congreso aprobaron el proyecto, y en ambas ocasiones el presidente Coolidge lo vetó. Aunque los años 1920 trajeron un auge económico para gran parte de la economía, especialmente a mediados de la década, la agricultura fue perjudicada considerablemente. Finalmente, un proyecto mucho más modesto fue presentado y aprobado en los primeros días de la administración Hoover.

La elección de 1928 vio desarrollarse muchos de los temas de la década anterior. Muchos asumieron que Coolidge competiría nuevamente, pero se negó. En cambio, el ex Secretario de Comercio, Herbert Hoover, fue escogido como el candidato del partido. Su opositor, Al Smith, dividió al Partido Demócrata y sacó a la luz muchos de los peores aspectos de la década de 1920.

Al Smith, Gobernador de Nueva York, tenía dos problemas que causaron mucha discordia entre los demócratas en las áreas urbanas y en el sur. Primero, Smith era católico, y su religión se convirtió en un punto clave durante la elección. Muchos temían que, de ser electo, el papa controlaría a los Estados Unidos. Casi sólidamente demócrata desde la guerra civil, el sur se dividiría al votar en 1928.

Además, un asunto que muchos ya creían decidido volvió a debatirse nuevamente en la campaña de 1928. Smith apoyaba la derogación de la ley seca, mientras que Herbert Hoover no lo hacía. Viniendo de Nueva York y apoyando la derogación hizo que quienes vivían en áreas rurales sospecharan de Smith. A esa desconfianza se sumaba el hecho de que muchos inmigrantes en áreas urbanas apoyaban a Smith.

Apoyar una postura impopular en áreas rurales, ser apoyado por extranjeros, y ser miembro de una religión muy extranjera prácticamente condenó la campaña presidencial de Smith. Hoover, como los dos candidatos republicanos anteriores, ganó fácilmente. Logró 444 votos electorales frente a los 87 de Smith. Ganando todos los estados excepto 7. Smith ni siquiera ganó en su estado natal de Nueva York. El voto popular no fue tan desigual, con Hoover ganando el 58,2% y Smith el 40,8%. Aun así, fue un fuerte apoyo a las políticas del gobierno republicano, y un sólido rechazo a un candidato que muchos creían que representaba ideas extranjeras y peligrosamente antiestadounidenses.

En su discurso inaugural, pronunciado en marzo de 1929, Herbert Hoover brevemente resumió por qué creía haber sido elegido.

Primero, era por los anteriores años exitosos, especialmente la falta de control gubernamental sobre las empresas. Después, por rechazar al anti-prohibicionista, Hoover afirmó que sentía que la nación exigía que la Decimoctava Enmienda fuera rigurosamente respetada y aplicada. Habló de mejorar la educación y mantener la paz mundial, y concluyó con una nota positiva de que lo mejor estaba por venir.

Capítulo 8 – ¿Cómo Terminó Todo?

De pie ante el Capitolio bajo la lluvia durante su toma de posesión el 4 de marzo de 1929, Herbert Hoover tenía plena confianza de que el futuro del país que estaba a punto de liderar continuaría en su constante trayectoria ascendente. Si bien había indicios de que la economía se estaba desacelerando, eso era aceptable. Hoover fue lo suficientemente estudioso de historia como para darse cuenta de que habría contratiempos y recesiones. Incluso al inicio de la década en la economía de la posguerra habían ocurrido dificultades. Pero Hoover creía que Estados Unidos y su gente superarían cualquier potencial dificultad, y saldrían mejor que antes.

La situación de los agricultores era un ejemplo de esto. Un segmento de la economía estaba sufriendo, pero no necesariamente arrastraría consigo a toda la economía. Sin embargo, hubo otras industrias que comenzaron a declinar en 1929. La construcción de viviendas disminuyó entre 1925 y 1929. Al igual que los agricultores, los fabricantes de textiles fueron perjudicados por el repunte de Europa después de la guerra, que a su vez perjudicó a los productores de algodón que habían sido inmunes a las dificultades que el Medio Oeste ya estaba experimentando.

La economía de conversión, aquella donde nuevos productos se fabrican y se venden a los consumidores, adoptó un enfoque más doméstico después de la economía de guerra, y comenzó a mostrar señales de desaceleración. Muchos de los productos, como los refrigeradores y las radios, que tuvieron grandes ventas durante comienzos y mediados de la década de 1920 ya no se vendían al mismo ritmo. A finales de los años 1920, las personas estaban comprando menos a pesar de que la producción se mantenía alta e incluso aumentaba. Es más, los salarios no aumentaron mucho durante la década, por lo que los hogares compraron más que nunca a crédito. La deuda del consumidor, algo casi inaudito a inicios del siglo 20, estaba en un máximo histórico al final de la década de 1920.

La deuda en sí se estaba convirtiendo en un pasatiempo nacional, concretamente en la compra y venta de acciones. Especular en el mercado bursátil era algo en lo que la clase media se involucró especialmente durante los años 1920. Las personas estaban invirtiendo en la posibilidad de obtener grandes ganancias en cualquier acción que pareciera atractiva en el momento. Para hacer esto, muchas personas pidieron dinero prestado para invertir o comprar con margen. En algunos casos, los inversores solo debían poner el 25% del costo mientras que el corredor ponía el 75% restante. Si la acción subía, y durante la década de 1920 a menudo lo hacía, entonces todos ganaban. El corredor recuperaba su margen con interés, y el inversor recogía el resto de las ganancias.

En 1929, mientras Hoover tomaba el juramento del cargo, el mercado bursátil en general continuaba subiendo. Hubo una caída en ese mes de marzo, pero poco después de eso, parecía que el mercado continuaría subiendo como lo había hecho durante los nueve años anteriores. Durante los meses de verano de 1929, el mercado continuó al alza, alcanzando su máximo histórico en septiembre. Los economistas eran tan optimistas que proclamaron que el mercado había alcanzado una nueva meseta alta.

Las circunstancias pusieron nerviosos a algunos inversores. A fines de septiembre, la Bolsa de Londres se derrumbó, lo que hizo que

Wall Street se mostrara reacio a invertir en mercados extranjeros. El 24 de octubre, una muy grande cantidad de transacciones hizo que el mercado cayera inicialmente en un 11%, pero las más grandes instituciones financieras del país juntaron sus recursos y compraron grandes cantidades de acciones a precios inflados para estabilizar el mercado antes de que cerrara ese jueves.

Durante el siguiente día y medio (Wall Street abría medio día los sábados), el mercado mostró signos de recuperación. Sin embargo, el lunes, la campana de apertura vio otro apuro por vender, y el mercado se derrumbó y cerró con una pérdida del 13%. Mucho de esto se había anticipado porque los inversores estaban enfrentando llamadas de margen para abrir la semana. Es decir, los corredores estaban exigiendo el dinero que le habían prestado a los inversores para la compra de acciones. Pero eso solo empeoró las cosas. Al día siguiente, conocido como el martes negro, registró el número más grande de acciones comercializadas jamás visto: 16 millones. El mercado cerró con un 12% adicional de pérdida.

Esta vez los jefes de los bancos no pudieron estabilizar el mercado, especialmente porque el golpe doble del lunes y el martes hizo que muchos quisieran retirarse completamente de las inversiones. Los inversores querían el dinero que aún les quedaba, y lo querían de inmediato. Esta demanda de efectivo creó un problema enorme para muchos bancos, ya que habían tomado los depósitos de los clientes y los invirtieron en el mercado. No hizo falta más que un rumor de que un banco estaba al borde de la quiebra para que los clientes se volcaran al banco a exigir su dinero. Aunque las mayores corridas bancarias no ocurrirían hasta 1930 y 1931, los bancos ya estaban quebrando debido a pánicos más pequeños. En 1929, 650 bancos quebraron. En 1930 ese número se duplicó, y en 1931 aún más bancos cerrarían, dejando a sus clientes sin ningún recurso. Los ahorros de toda la vida se perdieron, y la desconfianza en el sistema financiero duraría generaciones.

Para los inversores más pequeños que se salieron totalmente del mercado o perdieron una gran parte, gastar se volvió algo mucho más austero. Esto no solo afectó las compras de artículos para el hogar y productos más grandes, sino también el gasto fuera del hogar en entretenimiento. Incluso antes de 1929, las personas estaban gastando menos. Después de 1929, el ideal de ser un gastador libro fue reemplazado por ser un tacaño.

La caída del mercado bursátil a menudo es vista como el comienzo abrupto de la Gran Depresión, pero en realidad fue un hervor lento más que una explosión. Después de que pasó la conmoción causada por la caída, muchos pensaron que lo peor ya había ocurrido. Había sido simplemente una corrección después de una década de crecimiento sin precedentes. Sin embargo, como una enorme piedra arrojada a un estanque, las ondas del colapso a lo largo de toda la economía harían que esta delicada situación empeorara aún más.

Como muchos estadounidenses, las grandes corporaciones invertían en el mercado de valores, y como todos los involucrados en el mercado, esas mismas corporaciones perdieron grandes cantidades de dinero. Además, esas compañías que cotizaban en la bolsa vieron caer en picada el valor de sus acciones. Lo que había sido una década de expansión de riqueza para que las compañías reinvirtieran y expandieran su negocio ahora se encontraba casi agotado.

Al principio, cuando las compañías perdían dinero la primera estrategia era recortar la producción y limitar las horas de trabajo de los empleados. Esto no fue suficiente para reducir las pérdidas. A pesar de que el presidente Hoover obtuvo el compromiso de no recortar empleos por parte de las más grandes corporaciones, eventualmente no tuvieron más remedio que hacerlo.

Herbert Hoover no era un hombre frío, tampoco era un inepto como a veces se le retrata. Tenía creencias cristianas muy fuertes, especialmente en lo de ayudar al prójimo. Era un hombre compasivo que poseía una fuerte brújula moral y creencias profundamente arraigadas. Lamentablemente, algunas de esas creencias estaban en desacuerdo con lo que se necesitaba para combatir la peor crisis económica de la historia mundial.

Como la mayoría de los republicanos de su época, él creía fuertemente en un gobierno federal pequeño. Específicamente, creía que el poder del gobierno federal debía ser usado con moderación y no para obligar a las personas o empresarios a hacer algo. En cambio, creía en el voluntariado. A medida que la crisis crecía, Hoover pidió a sus conciudadanos a ayudarse entre sí en los tiempos difíciles. Lo que hizo que ese consejo fuera casi cómico era que casi todas las personas estaban en las mismas condiciones que el vecino. El desempleo aumentó del 3% en 1928 al 30% al final del mandato de Hoover. Es difícil cuidar al vecino cuando es casi imposible cuidarse uno mismo.

De manera similar, Hoover pidió a las iglesias y otras organizaciones caritativas que ayudaran a aquellos que lo necesitaran. Lamentablemente, esas organizaciones privadas ya se encontraban abrumadoras por las solicitudes de ayuda. Las agencias de ayuda del vecindario, las sociedades de ayuda étnica, y las sociedades de ayuda mutua sufrieron una escasez de dinero y suministros para poder ayudar a todos quienes necesitaban asistencia. En las peores circunstancias, algunas de esas mismas agencias se vieron forzadas a cerrar a causa de la depresión.

Otra creencia fundamental de Hoover que era perjudicial para la salud de la nación era su insistencia en mantener un presupuesto equilibrado. Creía que crear un déficit era una mala decisión, y que a la larga sería más perjudicial para la gente y la nación. Aunque la idea de mantener un presupuesto equilibrado no se desvaneció, Hoover finalmente aumentó el gasto gubernamental para ayudar a la población.

Al final, Hoover y su administración se vieron abrumados por la enormidad de la depresión a medida que esta crecía. Parecía que cualquier paso que daba para ayudar hacía poco o nada. Su decisión de aumentar los aranceles resultó contraproducente, ya que otros países inmediatamente tomaron represalias, lo que causó que las empresas estadounidenses enfrentaran aún más dificultades. Hoover se volvió cada vez más melancólico a medida que pasaban los años de su colapso. No era ningún secreto que se le responsabilizó del colapso. No es justo que una persona deba cargar con toda la culpa por la depresión, pero desafortunadamente eso viene incluido con la oficina del presidente de los Estados Unidos.

Las elecciones de mitad de período de 1930 fueron un presagio de lo que ocurriría en 1932. Los republicanos apenas lograron la mayoría en el Senado, y perdieron 52 escaños en el Congreso, haciendo que la cámara estuviera prácticamente igualada. En realidad, los demócratas lograron una ventaja de un escaño en la mayoría de las votaciones, debido a que un miembro independiente se inclinó más en su posición. Para las elecciones de 1932, la presidencia y el Congreso quedaron en control demócrata por primera vez desde el término de la Primera Guerra Mundial. Hoover estaba fuera de la presidencia y Franklin Roosevelt estaba dentro.

Conclusiones

La tendencia en la historia estadounidense de dividir las épocas en décadas es difícil de resistir. Es una manera conveniente de marcar el tiempo y mantenerse organizado cuando se piensa en el pasado. Sin embargo, a diferencia de otras épocas, los años 1920 fueron una década bastante autocontenida. Probablemente es mejor entendida como la época post Primera Guerra Mundial, pero en general los diez años entre 1920 y 1929 fueron únicos en la historia estadounidense.

La nación era más urbana que rural por primera vez en su historia, y la ciudad se volvió escenario de gran parte de lo que era innovador y nuevo durante esa época. La cultura de masas se hizo realidad a medida que las películas y la música atrajo a la gente del campo a la ciudad. Conducían automóviles en cantidades récord, y esos automóviles cambiaron la forma en que se diseñaban las ciudades, y lograron un profundo efecto en la sociedad en su conjunto. Grandes celebridades también emergieron durante la década, debido a sus hechos y personalidades más grandes que sus vidas.

Por primera vez desde la Reconstrucción, los afroamericanos incursionaron en la vida política, social y económica de todo Estados Unidos. También llegaron a la ciudad buscando y encontrando más oportunidades de las que habían experimentado en generaciones anteriores. Junto con los afroamericanos de la Gran Migración llegó su cultura distintiva, cambiando para siempre el panorama cultural de los Estados Unidos.

Se resolvieron antiguas causas de la Era Progresista, pero una era una conclusión lógica que hacia el final de la década nunca se cuestionaría. La otra parecía anticuada incluso antes de que las primeras tiendas de alcohol fueran destruidas. En 1933, se revocó la conclusión de la ley seca y se derogó la Decimoctava Enmienda. En los años posteriores, las personas a menudo se preguntaban por qué la generación anterior alguna vez pensó que esto era una buena idea.

Sin embargo, todavía había quienes se oponían a tales cambios. El Ku Klux Klan experimentó un resurgimiento después del periodo de la Reconstrucción, expandiéndose mucho más allá de los estados del sur. El gobierno nacional respondió a los temores de las personas a la influencia europea, y más explícitamente a los inmigrantes, al prácticamente cerrar la puerta a aquellos que querían ingresar a los Estados Unidos. Las ideas radicales de la época anterior que ganaron algo de impulso antes de la Primera Guerra mundial ahora eran rechazadas y temidas. Ser radical en los años 1920 implicaba arresto judicial.

Fue una época de gran expansión económica, donde las personas compraban nuevos productos, impulsando a los negocios a continuar expandiéndose. Más personas que nunca también invirtieron en el mercado de valores, incluso si no tenían el dinero para hacerlo. Pero el dinero estaba para ser gastado, y las personas que vivieron la década de 1920 estaban más que felices de gastarlo.

Y luego, como si fuera una señal, todo llegó a un final dramático y repentino apropiado para la década rugiente. Lo que había sido una cultura enfocada hacia afuera durante diez años, se convirtió en una mucho más enfocada hacia adentro. En muchos ojos, el estilo de vida estadounidense aún era viable. A diferencia de los años 1920, la década de 1930 se definiría por cómo los estadounidenses se unieron y trataron de definir el estilo de vida estadounidense. Para muchos, eso significó examinar tradiciones del pasado que habían caído en desgracia durante los años 1920.

Muchas personas han llegado a ver la Gran Depresión como un ajuste de cuentas, como una corrección a la Era del Jazz. La historia no hace esos juicios. Basta decir; los años 1920 fueron un momento único en el que el cambio y la reacción a ese cambio fueron más dramáticos que en cualquier otro momento en la historia estadounidense.

Vea más libros escritos por Captivating History

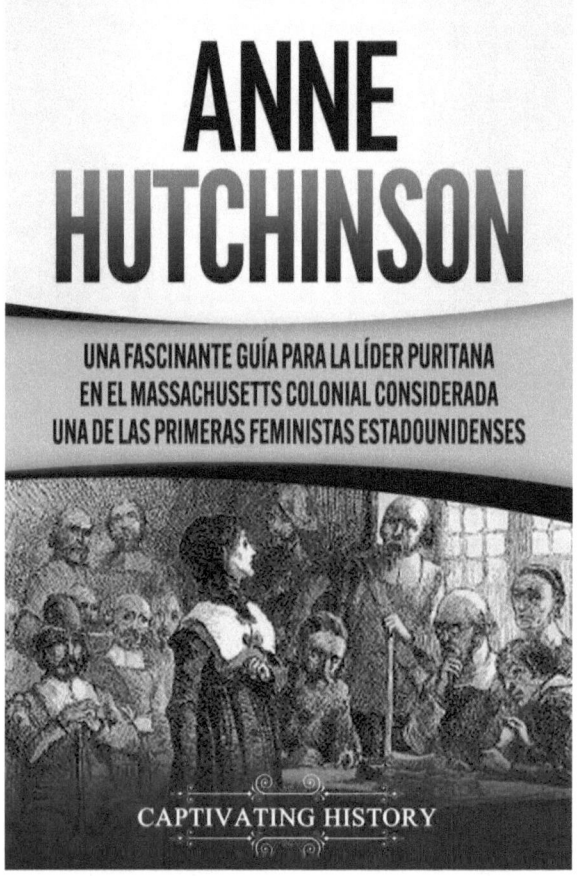

Bibliografía Seleccionada

Cohen, Lizbeth. *Making a New Deal: Industrial Workers in Chicago, 1919-1939.* New York: Cambridge University Press, 1990.

Douglas, Ann. *Terrible Honesty: Mongrel Manhattan in the 1920s.* New York: Farrar, Straus and Giroux, 1995.

Gottleib, Peter. *Making Their Own Way: Southern Black Migration to Pittsburgh, 1916-1930.* Urbana IL: University of Illinois Press, 1987.

Lerner, Michael. *Dry Manhattan: Prohibition in New York City.* Cambridge MA: Harvard University Press, 2007.

Osafsky, Gilbert. *Harlem: The Making of a Ghetto.* New York: Harpers and Row, 1963.

Peretti, Burton W. *The Creation of Jazz: Music, Race and Culture in Urban America.* Chicago: University of Illinois Press, 1994.

Pfeffer, Paula. *A. Philip Randolph, Pioneer of the Civil Rights Movement.* Baton Rouge, LA: Louisiana University Press, 1990.

Platt, Harold. *The Electric City: Energy and Growth of the Chicago Area, 1880-1930.* Chicago: University of Chicago Press, 1991.

Spear, Allen. *Black Chicago.* Chicago: University of Chicago Press: 1967.

Susman, Warren I. *Culture as History: The Transformation of American Society in the Twentieth Century.* Washington: Smithsonian Institution Press, 1984.

Wiebe, Robert. *The Search for Order 1877-1920.* New York: Hill and Wang Publishing, 1967.

www.ingramcontent.com/pod-product-compliance
Lightning Source LLC
LaVergne TN
LVHW041650060526
838200LV00040B/1790